I LEMURI

Donata Maria Biase

Fai un bel respiro e ascolta

Baldini+Castoldi

ISBN 979-12-5494-272-7
Published by arrangement with Delia Agenzia Letteraria

Prima edizione Baldini+Castoldi - La nave di Teseo maggio 2025

www.baldinicastoldi.it
info@baldinicastoldi.it

A mio Padre

«Non sei più là dove eri, ma sei ovunque io sia.»
Victor Hugo

Prologo

(2006)

Io e Luca stavamo trascorrendo quella sera di dicembre del 2006 in un'atmosfera tranquilla come non mai. Si respirava un'aria di festa, di famiglia, di religiosità.

Avevamo allestito insieme un bel presepe, curato nei minimi particolari. Ogni anno lo rendevamo più bello, arricchendolo di statuine che andavamo ad acquistare nel mese di novembre da un artigiano del posto. Aniello ci accoglieva con espansività nel suo piccolo laboratorio con le pareti in pietra viva dove un tempo veniva imbottigliato il vino. L'odore di mosto si mescolava all'odore di paglia, di colla, di pittura. Quello speciale effluvio ci trasmetteva allegria perché lo associavamo all'arrivo delle festività più attese dell'anno.

Luca aspettava con eccitazione che andassimo da Aniello. Amava osservarlo mentre realizzava con le sue mani quelle piccole opere d'arte. Poi sceglieva i pezzi per il nostro presepe, ricordando a memoria quelli che già possedevamo. Si tornava a casa e non si andava a letto se non si sistemavano subito i *nuovi arrivati* negli spazi ancora disponibili.

Quell'anno eravamo riusciti a creare una scenografia davvero suggestiva, grazie all'inserimento di una torre merlettata, un mulino e un pozzo, illuminati da lucine colorate. Ne eravamo così orgogliosi!

Non ci dispiaceva che saremmo stati gli unici a poterla ammirare. Accettavamo senza amarezza che la nostra casa non venisse frequentata da estranei o familiari.

Dopo la partenza per l'Inghilterra di Cristina, la mia amica del cuore, non avevo legato con nessuno. Luca riceveva raramente a casa i suoi amichetti. Le feste natalizie ognuno le passava con la propria famiglia.

Facevo del mio meglio perché la tavola fosse colorata e ben addobbata. Apparecchiavo per tutti i posti disponibili, come se quelli da occupare non fossero solo i nostri. Serviva anche quello, e tanta musica allegra, per tenere lontane solitudine e tristezza.

Mi sembrò che nulla potesse turbare la serenità di quella sera. E invece mio figlio ritenne che fosse l'occasione giusta per tirare fuori quanto probabilmente covava da tempo. Lo sentii giungermi alle spalle mentre dipingevo nella mia stanza, con la mente ai preparativi per il cenone della Vigilia. Mi fece sobbalzare.

«Andiamo di là, mamma. Dobbiamo parlare».

Lo seguii, più incuriosita che preoccupata. Era l'aria natalizia a trasmettermi ottimismo. Mi fece segno di sedermi accanto a lui sul divano. Il suo sguardo era troppo serio per la sua età.

«Mamma, ormai ho capito che non vuoi dirmi nulla dei tuoi genitori. Che comunque sono i miei nonni. Potrei chiedertelo mille volte e mi risponderesti con le solite bugie. E non le sai neanche dire!

Sono sicuro che hai costretto nonna Ada a comportarsi come te. A seguire il tuo bell'esempio. E credo anche che non mi hai detto tutto dell'uomo col quale mi hai messo al mondo. Che comunque è mio padre.

Poco prima che nonna morisse, vi ho sentite parlare ad alta voce proprio in questa stanza. Non sono riuscito a capire granché di quello che stavate dicendo ma, a un certo punto, mi è sembrato che parlaste di un uomo. Però non ti ho mai vista frequentarne uno. Quindi chi poteva essere se non mio padre? Tu piangevi e dicevi cose che mi sono sforzato di capire ma che non ho capito. Stavo studiando e le vostre chiacchiere hanno attirato la mia attenzione. Così ho lasciato i libri e mi sono affacciato in corridoio senza far rumore, ma...»

Quella frase sospesa bruscamente esprimeva tutta la sua rabbia e io cominciavo a spaventarmi. Ero ammutolita dalle sue parole, riuscivo solo a chiedermi dove volesse arrivare. La risposta giunse fulminea. Fu una sferzata.

«Insomma, tutti questi segreti mi hanno scocciato! Non voglio rovinarmi la vita. Ho solo sedici anni. Non vuoi dirmi la verità? E va bene. Libera di farlo. Ma non è che tu puoi mentirmi e io devo dirti sempre tutto. Bello davvero! Sai che c'è? Da oggi non ti dico più niente. Non dove vado, non con chi, niente. E non mi chiedere di essere sincero, perché tanto pare che in questa casa la verità non conta nulla. Vediamo come ti piace quando sei tu a stare dall'altra parte. E non fare quella faccia! Tranquilla, non combinerò nessun guaio. Voglio solo conservare per me i miei segreti. Proprio come fai tu. Anzi, ti dico un'altra cosa. Dopo la Befana, non entrerai più nella mia camera. Non preoccuparti, pulirò e metterò tutto a posto. So come la pensi.

Sarà così fino a che non ti deciderai a dirmi le cose che non so e che ho tutto il diritto di sapere. Promettimi che manterrai questo patto. Altrimenti non avrò più fiducia in te e le cose tra di noi cambieranno.»

Lo ascoltai a bocca aperta. Era solo un ragazzo, ma era stato capace di trovare una strada tutta sua per reagire a quella che considerava un'ingiustizia.

Mi aveva dato un preciso avvertimento, e lo aveva fatto con un tono che non gli apparteneva: severo, ostile, quasi aggressivo. Un tono che si addiceva a un adulto stanco di dover continuare a subire una situazione intollerabile.

Sapevo che il momento di dirgli la verità sarebbe arrivato. Ma ero convinta che non fosse ancora pronto ad ascoltarla. Ecco perché mi sentii invogliata ad accettare quella che, più che una richiesta, sembrava un'imposizione. L'alternativa era parlargli subito. Mi mancò il coraggio di affrontare il rischio.

Vederlo così assennato e sicuro di sé mi disorientò. Avvertii un senso di inadeguatezza. Pensai che, assecondandolo, avrei potuto trascorrere alcuni anni senza l'ansia di farmi sfuggire un particolare significativo o di contraddirmi. Perciò gli dissi, abbracciandolo: «Grazie, Luca. D'accordo. Puoi fidarti di me. Ti chiedo solo del tempo. Al compimento del tuo venticinquesimo compleanno, lascerai la camera aperta. Alle 8 in punto del 10 dicembre 2015 ti verrò a svegliare e ti dirò tutta la verità. So che sarai pronto.»

Quella promessa strampalata avrebbe dovuto mettermi in imbarazzo solo per averla potuta immaginare. Invece, la pronunciai con disinvoltura. Subito dopo però mi sentii pervasa da sensazioni forti e contrastanti. Provai sgomento e sconforto, ma anche confusione e tristezza. Non riuscii a mantenere l'autocontrollo e mi lasciai andare a un pianto dirotto.

Vidi le mandibole di mio figlio serrarsi per la rabbia. Ebbi l'impressione che mi guardasse con sdegno. Come dargli torto? Era chiaro che aveva voluto provocarmi, che aveva pensato di indurmi con la sua *minaccia* a vuotare subito il sacco. Ed era comprensibile che fosse rimasto deluso. Nove anni erano davvero un tempo spropositato. Forse d'istinto avevo pensato che quel termine potesse coincidere con la fine degli studi universitari. A venticinque anni il turbamento che la verità gli avrebbe provocato sarebbe stato meno dannoso.

Luca non mi aveva mai vista piangere in modo così disperato e la cosa lo spiazzò. Dopo pochi minuti di silenzio angosciante in cui tenne lo sguardo basso, forse intenerito dalle mie lacrime pensò bene di stringermi forte, trasmettendomi un senso di protezione che non avevo più avvertito da quando nonna Ada mi aveva lasciata. Quel gesto riuscì ad allentare la tensione.

Per il resto della serata dovetti impegnarmi a sorridere, ma avevo tanta voglia di piangere ancora. Per giunta il roast-beef si era incenerito e così saltammo la cena. Credo che anche lui avesse lo stomaco chiuso. Non dovette costargli rinunciare al suo piatto preferito.

Fu difficile trascorrere le feste natalizie come nulla fosse successo. Mi sforzai di non far trapelare l'inquietudine che le parole di Luca mi avevano trasmesso. Ma dubito di esserci riuscita.

Comunque, il 7 gennaio arrivò. Come promesso, non entrai più nella sua camera. Mai avrei creduto di potermi adattare a quella inverosimile situazione, ma nella vita ci si abitua a tutto. Il tempo è sempre un valido alleato.

Da quel giorno anche Luca mantenne la sua parola e non fece più alcun accenno al passato. Avevamo deciso entrambi di rispettare l'accordo e attendemmo tacitamente per anni il nostro appuntamento.

PRIMA PARTE

(1980-1989)

1

Era da poco entrata la primavera. Quei giorni meravigliosi di aprile, la natura germogliante dai mille profumi.

Avevo costretto nonna Ada a fare una visita di controllo. Trascurava la sua salute, si occupava solo di me e della nostra casa. Voleva che pensassi a dipingere e a nient'altro, perciò mi liberava dalle faccende domestiche, accollandosele tutte.

La sua preoccupazione era stata sempre quella di nutrirmi, si adoperava nel preparare i piatti che preferivo. Aveva dovuto combattere per anni con il pericolo di miei disturbi alimentari, e continuò a combatterlo anche quando i fatti dicevano che era svanito.

Ricordo il sapore disgustoso di quei miscugli di erbe che fino ai quindici anni mi propinava per farmi venire l'appetito; io correvo via, costringendola a inseguirmi. Spesso ridevamo per la comicità della scena, e alla fine la tenerezza che suscitava in me il suo impegno amorevole mi induceva a cedere alle sue insistenze.

È solo grazie a lei se ho evitato di lottare anche con l'anoressia.

In quella splendida giornata di aprile scoprimmo che aveva un tumore al seno. Non era la prima volta che mi imbattevo in quell'odioso nemico. Arrivai a pensare che il maledetto provasse piacere a perseguitarmi.

Nonna aveva ottant'anni, era ineludibile la fine. Ma non ero pronta a perderla, non lo sarei stata mai. Ecco perché quando il medico pronunciò la diagnosi, il mondo mi crollò addosso. Il dottore si accorse del mio sgomento e cercò di rassicurarmi, indicandomi le terapie che avrebbero congelato la malattia, nonostante l'età avanzata della paziente.

Era effettivamente anziana nonna, ma dall'aspetto sembrava avere dieci anni in meno. Sempre elegante nel portamento, curata nel vestire, con il taglio dei capelli a caschetto. Amava la bigiotteria dell'artigianato indiano e le brillavano gli occhi quando acquistava al mercato etnico qualche collana o braccialetto.

Luca non era ancora nato quando il 10 febbraio 1988 festeggiammo da sole il suo ottantesimo compleanno. Ricordo di averle scattato una bella foto, in cui sfoggiava impettita il foulard di seta che le avevo regalato per l'occasione. Stava così bene nel giorno della sua festa, eppure il male era già in lei.

Nonna reagì in modo inspiegabile alla diagnosi. Nessun segno di preoccupazione, nessuno sguardo serio. Sembrò addirittura che la sua espressione fosse di sollievo. Chissà se non fu proprio quello il momento in cui prese la decisione di alleggerire la sua coscienza.

All'uscita dallo studio medico, nessuna di noi aprì bocca per un po'. Fu lei a infrangere il silenzio. Ricordo perfettamente ciò che mi disse: «Tesoro, non voglio vederti così triste. Sono arrivata a una bella età, tu hai ventotto anni e io sono serena perché il Signore mi ha dato la forza di occuparmi di te, finora. Il mio unico desiderio è che tu stia bene, che sia felice».

Dalle frasi che pronunciò con tanta dolcezza traspariva un senso di serenità che riuscì a trasmettermi un po' di conforto. Lei lo comprese, mi tirò a sé e mi strinse, infondendomi quel senso di protezione a me tanto caro.

Eravamo quasi arrivate a casa, quando volle anticiparmi quello che sarebbe successo di lì a poco: «Ora dobbiamo fare insieme un grande salto, che ci farà volare, e non cadere. Di questo sono sicura. Dall'alto guarderai il mondo con altri occhi. Anzi, finalmente lo vedrai e avrà inizio per te una nuova vita».

Non riuscii sul momento a capire il senso di ciò che disse. Forse quel discorso se lo era preparato nella sua testa chissà quanto tempo prima, aspettando il momento giusto per farmelo. Forse quelle frasi le aveva lette in qualche romanzo e le erano servite per rendere degna l'introduzione delle rivelazioni tanto temute.

Ada non aveva studiato, ma aveva letto tanto. Soprattutto romanzi, nulla di impegnato. Amava le storie avvincenti, quelle che si leggono d'un fiato. Apprezzava gli autori che si esprimono in modo lineare e incisivo, che usano un linguaggio scorrevole e chiaro anche per chi non possiede una buona formazione letteraria, proprio come lei. Amava lo stile forbito, ma non sopportava la scrittura ermetica, i periodi lunghi e contorti, che la costringevano a leggerli e rileggerli senza raccapezzarsi.

Dovevo sforzarmi di non ridere quando la vedevo stizzita sbattere sul tavolo un libro che era costretta ad abbandonare dopo le prime pagine perché troppo impegnativo per lei.

Invece si immergeva nella lettura di grandi storie raccontate con semplicità, quelle che parlano di sentimenti in modo delicato e profondo, che lasciano un messaggio al lettore, stimolandolo a riflettere, a guardarsi dentro.

Aveva le idee molto chiare sull'argomento. Evidentemente aveva scelto bene i suoi libri ed era riuscita a costruirsi una sua cultura della vita. Parlava un italiano corretto, usava termini appropriati e riusciva sempre, con frasi immediate ma persuasive, a catturare la mia attenzione.

Tuttavia, mai avrei creduto nella sua capacità di trovare le parole giuste per raccontarmi l'orrore di quella maledetta notte.

2

Appena rientrate, come nostra abitudine quando volevamo stare un po' tranquille, ci sedemmo sul divano ai lati opposti per poterci guardare negli occhi. Ma non stavamo accingendoci a fare una delle nostre belle chiacchierate.

Sulla porta, poco prima, nonna Ada era stata chiara: «È giunta l'ora che ti racconti la verità. Devi avere una risposta ai tuoi mille dubbi e alle paure a cui, diversamente, non potresti dare una spiegazione. Forse ti libererò da ciò che ti tormenta e voglio credere di non sbagliare rivelandoti il tuo passato, anche se tragico. È un rischio che dobbiamo correre insieme. Potresti decidere di non conoscere mai la verità. È molto dolorosa, Emma. Ti senti pronta, tesoro?».

Fui frettolosa nel rispondere: «Sì, sono pronta nonna».

Quanto mi sbagliavo!

Ero solo una ragazza quando cominciai a convincermi che le notti, le ore terrificanti che trascorrevo nel buio più nero e profondo, sarebbero state per sempre il mio castigo.

Mi era negato il diritto concesso alle ragazze della mia età: gioire della vita.

I miei anni più belli venivano risucchiati da una voragine oscura. Non riuscivo a capire quale colpa dovessi scontare. Ma se meritavo di essere vittima di quegli incubi notturni e di sentirmi soffocare da scene orribili, una ragione doveva esserci.

Ciò che mi distruggeva era causato da qualcosa che sfuggiva alla mia coscienza. Lo sentivo. E sapevo che quel supplizio non poteva dipendere unicamente dall'aver perso i genitori da bambina.

Nel corso degli anni, nonna mi ha rivelato solo frammenti della loro vita. Nessun dettaglio. Mi ha raccontato che loro, Luigi e Livia, si conobbero all'università. Frequentavano entrambi la Facoltà di Giurisprudenza e durante una lezione lui le si sedette accanto. Da quel momento divennero inseparabili. Scoppiò tra loro un amore talmente grande da indurli a concludere gli studi universitari nel più breve tempo possibile. Il loro unico desiderio era sposarsi ed è quello che fecero in una splendida giornata di ottobre. Si sistemarono nell'appartamento di un facoltoso amico di lui. Mia madre cominciò a lavorare come assistente di un notaio del posto e mio padre come collaboratore di un famoso avvocato. Livia, figlia unica come me, aveva come me stretto un solo rapporto di grande amicizia. Agata era la sua confidente, la persona che la sosteneva nei momenti difficili, con la quale condivideva sogni e fallimenti. Era tutto quello che Cristina ha rappresentato per me.

Nel ricordo di nonna, il rapporto tra i miei genitori affiorava appena, senza mai essere esplorato fino in fondo. Prima dei miei ventotto anni, prima di quel fatidico giorno di primavera, non conoscevo quasi nulla della loro vita di coppia.

Della figlia, invece, Ada amava parlare. Ma, a pensarci bene, i suoi ricordi si perdevano nel periodo precedente al suo matrimonio. Spesso evocava le sue qualità, gli sforzi fatti per laurearsi. *Si sacrificò tanto, poverina. Si svegliava prestissimo, due volte alla settimana, per prendere il treno e raggiungere la capitale. Ritornava alle dieci di sera. All'epoca percorrere quel tratto ferroviario richiedeva il doppio del tempo...* Lo diceva con un tono pieno di orgoglio, con la preoccupazione tipica della madre amorevole per la figlia affaticata. Ma quel tono era velato da una malinconia struggente che suscitava in me un senso di tenerezza e compassione.

Mai però l'avevo sentita gridare il suo dolore contro il destino che aveva ingiustamente spezzato la giovane vita di sua figlia e del marito. Quella disgrazia era un tabù. Il suo silenzio innaturale, incomprensibile, non faceva altro che acuire il mio malessere e alimentare i sospetti.

Nel momento in cui nonna Ada annunciò che mi avrebbe finalmente svelato il mistero che mi riguardava, capii che stavo per conoscere cosa fosse realmente accaduto a mia madre e a mio padre. Avevo sempre temuto che la storia dell'incidente nascondesse altro. Mi ero scervellata cercando di immaginare le ipotesi più incredibili.

Avvertii quindi una forte eccitazione e, al contempo, un grande sollievo. «Immagino che mamma e papà non siano morti in un incidente d'auto, vero? È così Ada?»

Non riuscii a evitare un tono un po' duro, di rimprovero, accentuato dall'aver chiamato mia nonna per nome. Fremevo nell'attesa di sapere la verità e sentivo che lei non era esente da colpe. L'accusavo dentro di me di aver preso la decisione di parlare troppo tardi, e di averlo fatto solo perché aveva appena scoperto di essere malata. Se si fosse decisa prima, mi avrebbe risparmiato un'angoscia tanto grande quanto inspiegabile.

Nonna accusò il colpo, ma era pronta alla mia reazione. Fece un lungo respiro, girò la testa dall'altro lato e sembrò parlare a se stessa. Non ce la fece a reggere il mio sguardo.

«Andava tutto a gonfie vele, Emma mia. Tua madre sembrava così felice. Non ti dico poi quando scoprì di essere incinta! Avevano volutamente aspettato qualche anno per concepirti. Volevano godersi il più possibile la vita di coppia e avere il tempo di mettere da parte un po' di soldi. Se avessi assecondato la richiesta di Livia di trasferirmi da voi, quasi sicuramente non ci sarebbe stata nessuna tragedia. Non immagini quanto sia stata afflitta ogni singolo minuto dei miei giorni da questo pensiero, e quanto abbia sentito la responsabilità pesare come un macigno. Sono stata incapace di capire a che punto di crisi fosse giunto il rapporto tra Livia e Luigi. Lei non me ne aveva mai parlato. Nei suoi ultimi giorni di vita, avvertii solo un po' di stanchezza nella voce. Quando le chiesi il motivo, rispose che era spossata a causa di un sovraccarico di lavoro. La mia vita, Emma cara, è stata segnata dalla sofferenza per la morte prematura del nonno e da atroci sensi di colpa per non aver potuto impedire la tragica scomparsa di tua madre. Avrei vissuto nell'inferno e pregato di morire ogni giorno se non fosse stato per te. Avevo una missione da portare a termine: dovevo proteggerti, farti crescere sana e serena e tenerti lontana dal dolore. Ho fatto del mio meglio con i pochi mezzi che avevo a disposizione, pregando Dio e invocando di continuo il Suo aiuto».

A questo punto sospese il racconto. Forse fu il mio sguardo a bloccarla, forse ebbe un attimo di pentimento. Ma ormai era tardi e sapeva che non le avrei consentito di fermarsi. Cosa avrei fatto perché quella ricostruzione tragica e allo stesso tempo avvincente, di cui qualsiasi ascoltatore avrebbe voluto conoscere il seguito, fosse solo un racconto di una nonna irresponsabile alla nipote per spaventarla.

3

La voce di nonna Ada sembrò ancora più fioca quando riprese a parlare: «In questo paese nessuno sa della triste vicenda. Ho fatto l'impossibile per mantenere il segreto. Per anni non ti ho lasciata un attimo per il timore che qualcuno, nei primi tempi successivi alla tragedia, potesse avere avuto notizia di quell'episodio di cronaca nera avvenuto in un paese non molto distante da qui. Per questo timore ritenni prudente non portarti da uno psicologo, anche se sapevo che di notte le tue paure si moltiplicavano e avevi continui incubi. Mi imposi di farti dormire nella tua camera, nonostante le tue resistenze, ma lo feci a fin di bene. Volevo impedire che, anche di notte, fosse per te indispensabile avermi accanto. Mi sentivo in colpa a dirti di no quando la sera ti affacciavi alla mia camera e soffrivo nel vederti andare via mogia col tuo cuscino sotto il braccio. Forse non è stata la strategia giusta. Forse persino uno psicologo avrebbe avuto difficoltà a gestire una situazione così complicata. Sono stata comunque irragionevole ad aver pensato di poter fare tutto da sola. Credevo che il trascorrere del tempo sarebbe stato determinante per la tua serenità, ma sbagliavo anche in questo.»

Le parole di nonna mi disorientarono. Era assurdo che lei per anni mi avesse tenuta segregata da tutti per proteggermi e poi fossi stata io a voler restare rintanata in questa casa! Quante volte mi aveva invogliata a uscire, a svagarmi, e io le rispondevo che non mi andava. Talvolta le mentivo, dicendole che le mie amiche erano presuntuose e antipatiche e preferivo rimanere a casa a vedere un film con lei.

Troppo dolore, ma anche tante stranezze e illogicità, nella mia vita.

Il mio pensiero anticipò ciò che lei disse subito dopo: «Col passar degli anni avevo finito per credere che non ci fosse più motivo di tenerti sotto una campana di vetro. Ma era come se tu ci volessi restare. Vederti triste e silenziosa, senza alcuna voglia di divertirti, di frequentare i tuoi coetanei, mi trasmetteva un senso di scoramento, di sfiducia nelle mie capacità di svolgere la mia funzione. Uscivi solo per andare a scuola o dalla parrucchiera, a messa o a fare la spesa. Ma mai da sola, sempre a braccetto con me. Non potevi continuare a vivere in quell'isolamento. Rinunciasti addirittura a intraprendere il percorso universitario di studi in architettura per non allontanarti da casa. La mia disperazione aveva ormai preso il sopravvento ma un giorno, per un caso prodigioso, scoprimmo la tua dote innata. Avevi preso da poco la licenza liceale. Ricordi? Eravamo sedute a quel tavolo, e tu, come sempre malinconica e taciturna, cominciasti a far scorrere la matita su un foglio che era lì per annotare la lista della spesa. Disegnasti con linee leggere il mio volto. Rimanemmo incantate a guardare quel tuo piccolo capolavoro, chiedendoci chi avesse mosso la tua mano. Più ammiravo il disegno e più sembrava fosse la mia fotografia, in bianco e nero. Non una sola imperfezione!

Mi sono sempre chiesta come tu abbia fatto con una matita dozzinale a imprimere a quel mio ritratto, senza che nessuno te lo avesse insegnato, volume e profondità. Due anni più tardi cominciasti a studiare le tecniche pittoriche, come le chiamavi tu. Ti piaceva raccontarmi tutto ciò che apprendevi, con un entusiasmo tale da farmi commuovere. Ti seguivo con attenzione, ma non riuscivo a capire quello che mi spiegavi. Però sapevo quanto fosse importante per te che qualcuno ti ascoltasse e facesse da specchio alla tua euforia. Dal giorno del mio ritratto, avevo cominciato a sentirmi più forte e a provare un senso di sollievo. La mia più grande alleata divenne la pittura, che con la sua potenza emotiva diede un senso alla tua vita e, di conseguenza, alla mia. Anche di fronte alle disgrazie più grandi, come vedi, c'è sempre qualcosa o qualcuno che inaspettatamente può aiutarti, se non a superarle, almeno a convivere con i loro effetti devastanti. Ricordalo, Emma.»

Le parole di mia nonna erano un messaggio di speranza e fiducia. Ho avuto la fortuna di constatare quanto fossero veritiere.

4

Cosa darei per rivivere quella serata primaverile ed essere meno severa con nonna. Dovette fare uno sforzo sovrumano per toccare con delicatezza le mie ferite. Lei era stata il mio unico punto di riferimento da quando avevo cinque anni, e a un tratto era diventata il bersaglio della mia ira.

«Stai girando intorno alla verità! Sbrigati a parlare! Sono ventitré anni che mi racconti fandonie. Dimmela, dai!»

Questo le gridai. Avevo una gran voglia di sfogarmi e lei, amorevole e paziente come sempre, lo capì. Dopo un profondo e sofferto sospiro, riprese il suo lugubre racconto.

«Capisco la tua collera, Emma. Se potesse servire a farti stare meglio, ti direi di infierire su di me. Ma so che non lo faresti e confesso che preferirei essere presa a schiaffi pur di non scorgere nel tuo sguardo un rancore così profondo. A ogni modo… Tu hai sempre saputo che la vostra casa era a cento metri da qui. Ma non è vero. Abitavate a trenta chilometri di distanza, nel paese di tuo padre. Sei nata in questo comune. Livia volle partorire nel nostro ospedale per essere aiutata da me almeno nei primi giorni dopo il parto. Quando avvenne la tragedia pensai che avrei potuto proteggerti solo strappandoti dall'ambiente nel quale avevi vissuto fino ad allora, e ti portai qui, in questa casa».

«Ah ecco! Trovi sempre una giustificazione per le tue azioni. Pensi che così si affievoliscano i sensi di colpa? E menomale che sei tu stessa a riconoscere di avermi strappata dal luogo in cui ho vissuto la mia infanzia. Un verbo che rende molto bene l'idea. Meglio lasciar perdere. Ora però sputa il rospo!»

Non avrei potuto essere più antipatica. Avevo voluto dimostrare nel modo peggiore di essere pronta a sapere. Ma non lo ero per niente e tremavo al pensiero di conoscere la sorte che era toccata ai miei genitori. Mia nonna mi aveva già fatto intendere che era stata orrenda.

Ricordo ancora tutto, come fosse avvenuto ieri. La voce afona di Ada, l'annuncio che introdusse la cronaca di ore terrificanti.

«Ah, tesoro mio! Quella maledetta notte del 20 dicembre 1965 non ci fu nessun incidente di auto. Solo una settimana dopo il funerale di Livia seppi dalla sua amica del cuore dei continui litigi con tuo padre. Ti ho già detto che Amalia conosceva bene Luigi, vivevano nello stesso paese. Mamma e l'amica si erano accordate per studiare insieme tre giorni alla settimana, una volta a casa dell'una, una volta a casa dell'altra. I due paesi all'epoca erano collegati da una corriera che aveva la fermata proprio sotto casa nostra. Io ero tranquilla perché Amalia era una brava ragazza e apparteneva a una famiglia di persone semplici e perbene. Solo a posteriori seppi che tua madre era felice di raggiungerla perché così poteva intrattenersi un po' col suo ragazzo. Tenne segreto il suo fidanzamento con Luigi per un paio di anni. Il caso volle che Livia e Amalia si innamorassero dei loro uomini quasi in contemporanea. Così si coprivano a vicenda. Si sposarono nello stesso mese. Dettero alla luce le loro bambine a distanza di due mesi l'una dall'altra, erano entusiaste che le figlie fossero coetanee e potessero diventare col tempo amiche come loro. Tutti i fine settimana le coppie si riunivano in casa vostra per…»

«Queste cose le so tutte. Me le hai già raccontate! Quindi sei pregata di non tergiversare. Quanto tempo vuoi ancora guadagnare per dirmi la verità?»

«Scusa, Emma. Hai ragione. Non è facile per me. Non augurerei al peggior nemico di trovarsi in una situazione simile. Va bene, va bene, ora ti dico tutto.

Sapere da Amalia che mia figlia aveva, a mia insaputa, una vita matrimoniale d'inferno mi provocò una ferita lacerante. Mi chiesi perché Livia avesse preferito sfogarsi con l'amica e non con me. Avrei potuto aiutarla, anche affrontando Luigi. Avrei potuto accogliere lei e te in casa mia per impedire che una convivenza così tormentata potesse degenerare. Perché non pensò ai sensi di colpa che avrei provato per non essere stata in grado di comprendere quello che di così grave le stava succedendo? Quei sensi di colpa mi divorano da ventitré anni e non riuscirò mai a scacciarli.»

Si fermò per prendere fiato, poi si alzò per bere un sorso d'acqua. Immaginai che la saliva le si fosse prosciugata. La mia trepidazione aumentava a ogni parola, però cominciava a prevalere un senso di tenerezza per nonna. Il suo stato di disagio era palpabile. Ebbi l'impressione che le sue spalle si fossero curvate, la vidi come una vecchietta indifesa. Evidentemente tutta la forza e l'energia spese in tante battaglie si erano esaurite. Mi parve così ingiusto che venisse sottoposta per l'ennesima volta a una dura prova. Così imposi a me stessa di essere più paziente, di non usare più con lei un tono aggressivo e irriverente. Non lo meritava.

Nonna Ada questa volta si sedette accanto a me e mi prese la mano. Volli stringergliela durante tutto il racconto.

5

«Fu Amalia a parlarmi del motivo di quelle liti furibonde. Dopo circa tre anni dalla tua nascita, i tuoi genitori entrarono in crisi. Tuo padre cominciò d'un tratto a essere geloso in modo ossessivo e tua madre si sentì oppressa dai suoi continui sospetti infondati, che sfociavano in discussioni furibonde. Da marito amorevole, premuroso, dolce, Luigi si era trasformato in un uomo burbero, diffidente, irascibile, ossessionato da assurde fobie. Nessuno sa quale fu la molla che fece scattare in lui un cambiamento radicale. Livia si ritrovò a convivere con qualcuno che non conosceva, e che la spaventava con le sue irragionevoli scenate. Non sporse denuncia perché non aveva mai subito atti di violenza fisica. Forse mamma sperava che tutto si sarebbe risolto. Che quel periodo da incubo avrebbe avuto fine. Che si sarebbe di nuovo respirata in casa l'atmosfera idilliaca dei primi anni di matrimonio. Che tu, così piccola, non avresti più dovuto tapparti le orecchie per non sentire le urla paurose di tuo padre. Con questa speranza nel cuore, decise di non mettermi al corrente della situazione. Voleva evitarmi preoccupazioni, sapendo bene quanto fossi ansiosa. Che grande errore commise la mia sfortunata figlia! Far incancrenire nel tempo una crisi così grave può provocare effetti devastanti. I tuoi genitori erano troppo giovani per affrontare una situazione più grande di loro. Avrebbero dovuto chiedere aiuto a uno specialista. Ma non lo fecero. Non chiesero una mano neanche a me, che ero l'unica persona di famiglia vicina a loro.

L'ossessione di Luigi tormentò Livia per quasi due anni. Lei si sentì sempre più oppressa e sola. Era entrata in confidenza con un collega, un praticante notaio, un certo Claudio, che fin dal primo giorno aveva dimostrato interesse per lei. Tua madre aveva trentadue anni. Era bellissima, occhi stupendi, cangianti nel loro colore dal marrone chiaro al verde. I lineamenti del viso di una dolcezza infinita, il fisico esile ma aggraziato, i capelli castani con ciocche dorate. Fin da bambina non passava inosservata quando la portavo fuori, per quegli splendidi capelli di due colori naturali e per i sorrisi che riservava a tutti i passanti che si fermavano per coccolarla un po'. Mentre ti guardo, mi sembra di avere lei di fronte. Siete due gocce d'acqua. Basta che ti osservi allo specchio per vedere com'era alla tua età. Quanti suoi coetanei persero la testa per lei! Ma hai capito che il suo cuore lo donò a tuo padre. Sicuramente fu la sua bellezza a conquistarla. L'altezza, il fisico atletico, i riccioli neri e gli occhi chiari messi in risalto da una carnagione scura. Tuttavia, quando tua madre decise di presentarmelo, quello che più mi colpì di lui furono il sorriso accattivante, i modi gentili, l'espansività. In apparenza sembrava proprio che mia figlia avesse fatto la scelta giusta, ma sentivo dentro di me che qualcosa non andava e non riuscivo a spiegarmi cosa. Pensai che fosse la mia apprensione a destare quei cattivi pensieri. La vedevo così innamorata ed euforica, e mi spaventava l'idea che quel ragazzo potesse farla soffrire. Le espressi la mia preoccupazione che fosse stato il suo aspetto fisico a farla innamorare, ma lei mi rassicurò: pure il carattere e il modo di comportarsi l'avevano convinta che fosse l'uomo della sua vita. Era dolce, premuroso e le riservava mille attenzioni. Insomma, quell'amore, anche se giovanile, era appagante per entrambi. Chi avrebbe mai potuto immaginare che il destino sarebbe stato così spietato con loro? Livia confidò ad Amalia che l'unico modo per riuscire a sentirsi sollevata dall'angoscia che le trasmettevano i comportamenti riprovevoli di suo marito, era parlare con Claudio. Lui era delicato e comprensivo, ascoltava con interesse i suoi sfoghi tristi e la ricopriva di attenzioni, proprio come aveva fatto un tempo Luigi. Forse lei si illudeva che quella valvola di sfogo le avrebbe consentito di sopportare l'aria di casa, divenuta ormai irrespirabile.»

Ancora una volta nonna sentì il bisogno di interrompere la narrazione. Doveva recuperare tutte le forze per rivelarmi il tragico epilogo.

6

«La maledetta sorte volle che la sera del 20 dicembre 1965 Luigi andasse a prendere tua madre al lavoro. Non accadeva da molto tempo. Le aveva comprato un fascio di rose rosse per farsi perdonare le aggressioni verbali sempre più frequenti. Se Amalia non mi avesse raccontato tutti quei particolari, non li avrei mai saputi. Livia era uscita eccezionalmente dallo studio notarile con Claudio. Non si era accorta della presenza del marito che, probabilmente, li aveva sorpresi in atteggiamenti confidenziali. Luigi si avvicinò come un pazzo, gettò i fiori ai piedi di tua madre e incenerì entrambi con lo sguardo. Livia cercò di tranquillizzarlo, presentandogli Claudio, ma Luigi non gli strinse la mano e si allontanò inferocito, senza aspettarla. Amalia ricevette la telefonata di Livia da casa. Si era ritirata con il terrore di trovare il marito ad aspettarla. Ma lui non era ancora rientrato. La babysitter era impaziente di andar via: aveva un appuntamento col fidanzatino. Normalmente le dava il cambio tuo padre, che tornava prima di tua madre dal lavoro. Si chiamava Lucia la tua tata. Una ragazza d'oro, così tenera e affidabile, nonostante la giovane età. Eravamo tutti felici che fosse lei a occuparsi di te. Viveva con la mamma e il fratellino. Il padre era morto di infarto a quarant'anni. Lavorava per non far pesare sulla famiglia le sue necessità di adolescente. E poi era un'occupazione talmente comoda per lei, e ideale per la tranquillità della madre. Abitavano nell'appartamento accanto al vostro e così la ragazza poteva permettersi anche un lavoro straordinario, facendoti compagnia quando non eri da me e i tuoi genitori uscivano. Mi sentivo tranquilla sapendoti nelle sue mani, ti faceva giocare e divertire, io non sarei stata capace di farlo, sai che non ho pazienza con i bambini e non sono adatta ai loro strani giochi. Ti ricordi di Lucia? Quando stavi con lei, era difficile staccarti dalle sue gambe».

«Continua nonna! Non credo sia questo il momento di parlare di Lucia. Comunque sì, ricordo vagamente una ragazza con tanti ricci che mi piaceva attorcigliare tra le dita. Ora però va' avanti!»

La mia mente era altrove, ascoltavo come fossi in trance quella brutta storia che sembrava non appartenermi, che volevo fortemente non mi appartenesse, ma sapevo bene che invece era proprio l'orribile storia della mia vita.

A quella narrazione mancava ancora un pezzo, il finale, che non avrei mai voluto conoscere. Sentivo però dentro di me che, senza quel pezzo, la mia vita, per quanto orribile, sarebbe rimasta incompleta, e sospesa in eterno.

7

«Quella tragica sera tua madre era preoccupata di non farti assistere all'ennesima lite e disse all'amica che ti avrebbe fatto cenare e messa subito a letto. Amalia insistette per chiamare la polizia, ma Livia la rassicurò che lo avrebbe fatto lei nel caso la situazione fosse degenerata. Quella poveretta di Amalia non chiuse occhio tutta la notte. Non c'era neanche il marito con cui confidarsi, perché in quel periodo lavorava all'estero. Giulia aveva la febbre e lei non aveva nessuno a cui lasciarla, se anche avesse deciso di raggiungere Livia. Chissà poi se lo avrebbe fatto. È sempre difficile intromettersi nella vita privata di una coppia in crisi. Non credo che se la sarebbe sentita di piombare in casa vostra, sapendo di dover fronteggiare la furia di tuo padre che l'avrebbe accusata di impicciarsi di fatti che non la riguardavano. Si sarà chiesta mille volte chi fosse diventato quell'uomo che un tempo era stato il suo amico simpatico, mite, gentile, sempre disponibile. Anche Amalia ha convissuto per anni con il senso di colpa. Un evento così drammatico è in grado di mietere danni emotivi e psicologici inimmaginabili anche in chi ne è coinvolto solo indirettamente. Non mi sono mai sentita di condannarla, ha tentato in tutti i modi di aiutare Livia, ma era troppo giovane e debole per capire che avrebbe dovuto fare di più. Qui termina quello che io so delle ultime ore di vita di tua madre. Il resto, purtroppo, dovresti ricordarlo tu, ma credo che la tua memoria abbia cancellato tutto l'orrore a cui assistesti quella notte e forse è meglio così. Meglio per te, Emma mia.»

Solo allora le nostre mani si slegarono. Le mie erano madide di sudore, come il resto del corpo. La tensione aveva toccato massimi livelli di sopportazione, un crescendo spaventoso fino alla conferma dell'uccisione di mia madre. Nonna Ada non aveva avuto la forza di dirmelo chiaramente. Si astenne dal pronunciare parole come *omicidio* o *assassinio*, lasciandomi intendere tutto, ma standо attenta a risparmiarmi i dettagli.

Dietro le mie insistenze, raccontò che fu proprio la mamma di Lucia, udite le urla di mia madre, a chiamare i carabinieri. Accorse personalmente il comandante della stazione locale, che fu costretto a ordinare all'appuntato di sfondare il portone di ingresso, visto il silenzio che perdurava dopo aver bussato varie volte. Nonna si rifiutò di riferire alcun particolare sul ritrovamento del corpo di mamma, se non che era avvenuto in cucina.

Allora era proprio così. Mia madre era stata uccisa dal marito, dall'uomo che per cinque anni avevo chiamato *papà*!

Pensai di non riuscire a sopportare la potenza di quel dolore. D'un tratto mi sentii annientata, privata dell'anima. Come se tutta la mia essenza fosse sradicata da un'improvvisa raffica di vento gelido. Poi fu il mio corpo a reagire. Sentii i battiti furiosi del cuore spaccare il petto, rimbombare fin nelle orecchie. Lo stomaco stretto in una morsa lancinante. Ogni parte di me percorsa da un tremito convulso. Persi ogni punto di riferimento, tutto ciò che era intorno iniziò a roteare e a offuscarsi. Avrei voluto svenire per provare un po' di sollievo. Ma non svenni. Avrei voluto combattere con le lacrime il dolore che mi stava uccidendo. Ma non riuscii a versarne neanche una.

Mi venne in soccorso una rabbia incontenibile.

A fatica urlai a mia nonna con voce strozzata: «Noooo! Non è possibile tutto questo! Dimmi che non è vero, nonna!»

Non le uscì neanche una sillaba di bocca. Cominciai a inveire contro il colpevole di tutto quel dolore: «Non ti permettere mai più di chiamare quell'uomo *tuo padre*. È un mostro! Merita di bruciare all'inferno! Chi gli ha dato il diritto di stroncare la vita di mia madre? Non era di sua proprietà! Non poteva farne quel che voleva! Maledetto maschilista! Infame assassino! Perché non ha pensato minimamente al male che avrebbe causato a una bambina di soli cinque anni? A sua figlia!»

Ci vollero lunghi minuti perché il mio respiro si regolarizzasse e rallentassero i battiti del cuore impazzito. In quel tempo dilatato domande angosciose si fecero strada nella mia mente, e non potevo che rivolgerle a colei che mi sedeva accanto: «Come avrà trascorso mamma gli ultimi momenti della sua vita? Quanto avrà sofferto? Si è difesa? Quali sono state le sue ultime parole? Quanto è durata la sua agonia?»

«Emma adorata, non posso aiutarti, e so che non ti consolerà pensare che i tuoi dubbi tormenteranno anche me fino alla fine dei miei giorni. Non c'è nessuno al mondo che possa scioglierli. Mi dispiace tanto, amore di nonna.»

«Quell'uomo ha compiuto un atto di una crudeltà inaudita. Sono sicura che mamma ha minacciato di lasciarlo e lui ha pensato di punirla, infliggendole una morte orribile. Hanno trovato in casa anche il suo corpo? Almeno a questa domanda puoi rispondere, no?»

8

Le parole di nonna mi pietrificarono: «No, Emma. *Lui*, il mostro, non si uccise. Non ebbe il coraggio di rivolgere a se stesso la violenza che era stato capace di usare contro la moglie inerme. Scappò via e per qualche ora girovagò, poi si presentò dinanzi al comandante dei carabinieri De Lisa e si costituì, confessando quello che era accaduto. Fu isolato da tutti. Il padre e i fratelli non vollero sentir più parlare di lui. Il fratello più colto, Antonio, mi scrisse una lunga lettera in cui espresse tutto il dolore della famiglia per l'azione orrenda che il loro congiunto aveva compiuto. Si offrirono di aiutarmi economicamente. Volevano contribuire per non farti mancare nulla. Ovviamente non risposi. Mai avrei accettato un soldo da loro. Conosci bene il mio orgoglio. Per fortuna avevo ereditato abbastanza per vivere. Così potei dignitosamente rifiutare il loro sussidio. Ero troppo addolorata e arrabbiata con chi aveva nelle vene lo stesso sangue dell'uomo che aveva distrutto le nostre vite. Nominai l'avvocato Andrea Calabrese. Fu incaricato di curare la pratica legale per la mia nomina di tua tutrice e di assistermi nella costituzione di parte civile nel processo penale. *Lui*, invece, non si rivolse a nessun avvocato, fu nominato un difensore di ufficio.»

Apprezzai che nonna Ada non si fosse più azzardata a chiamare quell'uomo neanche per nome. Ma avevo bisogno di sapere che gli fosse stata inflitta la pena dell'ergastolo e che trascorresse il resto della vita divorato dai rimorsi per il male orrendo che aveva seminato. Magari le sue notti avrebbero potuto essere più spaventose delle mie.

E invece: «Il processo si chiuse dopo pochi mesi con una sentenza che dichiarò la sua infermità mentale» mi riferì nonna. «Una serie di periti di ufficio erano giunti alla conclusione che quell'azione efferata fosse frutto del raptus incontrollato di una persona affetta da gravi patologie psichiatriche e, quindi, incapace di intendere e di volere. Quella diagnosi determinò il verdetto, ma non ricordo i termini precisi della sentenza. Troppo tecnici. In sostanza si attenne a quanto sostenuto dai consulenti – psichiatri e psicologi – nominati dalla corte. Pensa che il suo avvocatucolo d'ufficio, per procurarsi un po' di notorietà, tentò di seguire in prima battuta la strategia difensiva del delitto d'onore. Sai che solo da sette anni è stata abolita la legge che prevedeva pene ridicole per chi avesse commesso un omicidio a difesa del suo onore. La sua linea difensiva si rivelò un vero e proprio fiasco. Dovette ripiegare sulla richiesta di sottoporre il suo assistito a perizia psichiatrica.»

Urlai furibonda: «Cosa? Delitto d'onore? E che significa? Mia madre non aveva fatto niente di male, nulla di disonorevole, anzi, era stata lei a subire angherie di ogni genere. E se anche fosse stata trovata a letto con un altro, il marito aveva il diritto di ucciderla? Cose da pazzi! Non sapevo neanche che esistesse una legge così assurda. Da quello che mi dici, era come se venisse legalmente riconosciuto un diritto di proprietà sulla donna. Una legge incivile, da popolo barbaro. La morte di mia madre è stato un brutale omicidio. Chiamiamolo col suo nome!»

Il tono di nonna era completamente diverso dal mio, pacato. Mi rispose sottovoce per contrastare le mie grida rabbiose: «Hai ragione, tesoro. Certo, rispetto agli anni Sessanta, nessuno di tali delitti passa più inosservato. È la potenza dei mass media. Ogni volta che guardiamo il telegiornale, mentre siamo a tavola, mi accorgo dell'attenzione turbata che riservi alle notizie che annunciano la morte violenta di una donna per mano di un uomo. Scuoti la testa incredula. Poi abbassi gli occhi per non guardare il sorriso della poveretta uccisa brutalmente, di solito dall'uomo che ha respinto. E il mio dolore si fa ancora più acuto ricordando il sorriso di tua madre spento per sempre.»

A nonna non sfuggiva proprio nulla. Ma pure io la osservavo senza darlo a vedere, e lo facevo anche in quelle occasioni. Mi fu tutto chiaro e glielo dissi: «Adesso capisco perché ti incupisci quando in tivvù si parla di questi fatti di cronaca nera. Smetti di mangiare e resti a lungo in silenzio, con la testa da un'altra parte. Le tue reazioni talvolta mi sembrano eccessive. Sarebbero giustificate se si trattasse di donne che conosci. Invece quelle povere sventurate sono pur sempre delle estranee. Allora finisco per credere che, di fronte a tanta violenza usata contro una donna, tu ti senta angosciata al pensiero che possa toccare anche a me quella sorte.»

«Hai visto bene, Emma. Non so se prevalga in me il dolore risvegliato da quelle notizie che associo alla fine tragica di mia figlia o la preoccupazione che qualcuno possa fare del male a te. Sono stata sempre apprensiva con tua madre, ma adesso puoi comprendere perché con te lo sia stata ancora di più. Ho provato in tutti i modi a non opprimerti, e ti assicuro che mi è costato un grande sforzo.»

Mi sentivo frastornata, la rabbia continuava a crescere dentro di me. Avevo tante domande da farle, tanti dubbi da sciogliere. Per esempio, ero sicura che all'epoca dell'uccisione di mia madre era uscito appena un trafiletto su un quotidiano locale. Non doveva aver fatto notizia la sua morte.

«Vero, nonna?» le chiesi, ansimante. «Lo considerarono un omicidio come un altro, anche se fu perpetrato contro una donna indifesa! Sai che ti dico? Chi ammazza la propria donna non è un pazzo o un depresso, o un uomo accecato dalla gelosia, ma un maledetto assassino! Non so se voglio sapere che fine ha fatto quello sporco malato di mente immaginario».

«Purtroppo hai ragione. Non venne dato particolare risalto alla tragedia. Parliamo di altri tempi. Tempi lontani. I mezzi di comunicazione erano scarsi. Che fine ha fatto *lui*... Puoi immaginarlo. Fu disposto il ricovero nel manicomio giudiziario più vicino, a duecento chilometri da qui. Per dieci anni. L'avvocato Calabrese riteneva ci fossero gli elementi per andare in appello. Era convinto di poter dimostrare la sua colpevolezza, la responsabilità di quel gesto efferato. Solo così, in sede civile, avrebbe potuto ottenere una sentenza che ci riconoscesse una ingente somma a titolo di risarcimento dei danni. Ma io preferii mettere fine a quella penosa vicenda. Anche se il nostro legale l'avesse spuntata, sapevo che *lui* non aveva niente da perdere, e comunque pensai che non potesse esserci somma di danaro al mondo capace di risarcirci per ciò che avevamo perduto. Agire altrimenti avrebbe significato dare un valore economico alla vita di tua madre. Al solo pensiero inorridisco ancora oggi. E poi tutte le mie energie, che si sarebbero inesorabilmente ridotte col passare degli anni, avrei dovuto indirizzarle solo alla tua cura e a soddisfare tutti i tuoi bisogni. Non seppi più nulla di *lui*, non ebbi sue notizie fino al giorno in cui mi giunse un'altra lettera del fratello Antonio.»

9

Ero indecisa se ascoltare il resto del racconto. Non avrebbe dovuto interessarmi, ma non la interruppi. Prevalse la curiosità di sapere fin dove aveva potuto spingersi la sfacciataggine di quell'uomo, e forse in cuor mio mi augurai che la missiva comunicasse un evento tragico che aveva colpito quell'essere immondo.

Le mie preghiere furono esaudite.

«Era datata 23 dicembre 1974. Dalle prime frasi capii che Antonio voleva annunciarmi qualcosa ed era proprio così. Aveva deciso di informarmi che il fratello era morto nel manicomio giudiziario dove era stato rinchiuso. Non so perché avesse voluto mettermi al corrente di quanto era successo. Forse pensava che sapere della sua morte avrebbe potuto alleviare il nostro dolore. Era come se i familiari si fossero liberati di un peso. Probabilmente il fatto che l'uomo che aveva gettato fango su di loro non c'era più alleggeriva la coscienza e li liberava dal senso di vergogna provato per anni. A quanto mi scrisse il fratello, nell'ultimo anno *lui* aveva tentato tre volte di togliersi la vita. Non ci era riuscito per il costante controllo a cui veniva sottoposto. Come estremo tentativo aveva allora cominciato a rifiutare il cibo. Per un breve periodo era stato alimentato artificialmente. I due fratelli andavano a trovarlo a turno ogni mese, tanto per assolvere a un obbligo di legge. Erano gli unici suoi familiari. Il padre era morto di crepacuore due anni dopo la tragedia. Non aveva retto all'infamia.

A quanto pare, *lui* non faceva altro che parlare della moglie e della figlia, piangendo come un bambino disperato. Era un uomo che vegetava nella più assoluta disperazione. La morte che aveva invocato non si era fatta attendere. Era sopraggiunta proprio la notte del 20 dicembre, esattamente a nove anni dal dramma. Il suo volto era apparso disteso e ringiovanito all'infermiera che lo aveva trovato esanime nel suo letto. Si era finalmente liberato dalle catene del rimorso.

Ho pregato inutilmente per anni di riuscire a perdonarlo, Emma. Avrei voluto provare compassione per *lui*, ma non ce l'ho fatta, anche se il mio rancore si è pian piano affievolito. Ora sai che gli è toccata sorte peggiore dell'ergastolo. È rimasto segregato in un luogo dove è stato bombardato quotidianamente con trattamenti penosi, costretto a convivere con persone davvero malate di mente. Stai sicura, Emma, che la sua pena l'ha scontata. Eccome! Sai quante volte, martoriato dal pentimento, avrà pensato che sarebbe stato molto meno doloroso per lui uccidersi quella sera. Si sarà rammaricato di non averne avuto il coraggio.

Vorrei che anche tu fossi un po' più clemente con *lui*, perché non potrai provare neanche un attimo di felicità vivendo nell'odio per chi ti ha generata. È difficile riuscire a dare un senso a quello che è avvenuto nella nostra famiglia. Il destino sembra essersi accanito contro di noi, ma l'autocommiserazione non porta da nessuna parte. Occorre prima o poi fare i conti con la cattiva sorte, per semplice istinto di sopravvivenza. Forse quell'uomo era davvero malato, e crederlo serve soprattutto a te, per provare a condurre una vita normale. Una vita non proiettata in un passato così fosco, ma affacciata su un futuro luminoso, in cui a prevalere è l'amore. So che è difficile, tesoro mio. So che ti sto chiedendo qualcosa che ora non riesci neanche a immaginare, però questa è la strada da percorrere. Ci vorrà del tempo, ma sono sicura che raggiungerai il traguardo, magari proprio grazie a un grande amore.»

10

Se nonna Ada non mi avesse rivelato la verità, forse sarei rimasta bloccata nella mia prima vita, dedicando tutto il tempo alla pittura e a nient'altro. Avrei continuato a lasciare il mondo fuori dalla mia casa. E non avrei mai incontrato Matteo.

Dopo aver conosciuto la fine di mia madre, trascorsi molte altre notti nell'angoscia e nella paura. I miei incubi divennero ancora più feroci. Per un po' vidi nel dormiveglia cose che non avevo mai visto. Era come se il terrore avesse preso forma. Mi sentivo intrappolata in un luogo angusto, avevo poco spazio per respirare. Soffocavo. Non serviva a niente lottare per uscire da quella trappola, a impedirmelo erano due stivali da uomo sporchi di sangue calzati da gambe nude, muscolose e lunghe. Ai lati penzolavano braccia pelose. La mano destra stringeva un coltello affilato che grondava sangue. Le gocce si erano riversate sul pavimento e avevano formato una pozza. Ci andavo a finire dentro e mi imbrattavo tutta. Quell'odore dolciastro mi causava una nausea insopportabile. Ero strozzata da ripetuti conati di vomito. Provavo a gridare, ma la voce non usciva, nonostante i miei sforzi. D'un tratto sentivo quel gigante alle spalle prendermi per il collo e, prima che mi sferrasse il colpo mortale, mi svegliavo terrorizzata e inzuppata di sudore.

Ero disperata. Arrivai a pensare che conoscere la verità avesse addirittura peggiorato le cose.

Non ebbi il coraggio di raccontare le mie notti a nonna. L'avrei caricata di ulteriori sensi di colpa.

Avevo smesso di essere arrabbiata con lei. Adesso mi sembrava fin troppo chiaro perché avesse voluto tenermi al riparo dalla verità. Finché era stato possibile, aveva voluto risparmiarmi l'orrore che mi sarebbe piombato addosso una volta scoperto come erano andate le cose.

Povera nonna!

L'oncologo mi aveva raccomandato di lasciarla tranquilla, di evitarle qualsiasi stress. Dovevo assolutamente nasconderle il mio stato pietoso. Dovevo vivere in solitudine l'attesa angosciante della notte.

Una sera, per disperazione, rivolsi il pensiero a mia madre. Non lo avevo mai fatto prima d'allora. La supplicai in ginocchio di liberarmi da quel tormento. Come se stessi rivolgendomi a una santa.

E avvenne qualcosa d'incredibile. Caddi in un sonno profondo! Mi sembrò stupefacente che i muscoli si rilassassero e non mi procurassero dolore per l'irrigidimento dovuto al consueto terrore notturno.

Sognai di lei. Mia nonna era stata abilissima nel descriverla. Giovane, esile, i capelli di due splendidi colori, gli occhi cangianti. E così la vidi. Era straordinariamente bella. Indossava una lunga veste bianca sulla quale risaltavano schizzi e larghe macchie di sangue vivo. Poteva sembrare a chiunque una scena macabra, ma non a me.

Mia madre riuscì a infondermi un senso di pace con uno sguardo dolce e un sorriso che non dimenticherò mai. Un sorriso rassicurante e amorevole, come solo quello di una mamma sa essere.

Mi sentii pervasa da un calore che sarebbe stato insopportabile in qualsiasi altra condizione, e che mi trasmise una sensazione di beatitudine e un'energia infinita.

Mi svegliai con la consapevolezza che qualcosa di importante stava accadendo. Ancora assonnata, ricordai quasi tutto ciò che avevo vissuto in quella notte dell'orrore. Mi ripromisi ancora una volta di tacere con nonna Ada per non turbarla.

Amalia le aveva raccontato ciò che sapeva delle ultime ore di vita di mia madre.

Grazie a quel sogno, avevo potuto vivere la scena per come doveva essersi svolta: le urla di entrambi, mia madre che cercava di sfuggire alla furia omicida di *lui*. La lama del coltello affilata e luccicante. Proprio il coltello che *lui* usava con maestria per affettare la carne che consumavamo a tavola, gli era servito per squarciare il corpo di mamma. E poi sangue dappertutto. Ecco cos'era quel fluido rosso che aveva intriso nei miei incubi notturni, per oltre vent'anni, le pareti della mia camera!

Atterrita dalle grida strozzate di mia madre, capii che dovevo trovare un modo per salvarmi da tanta violenza. Così, d'impulso, mi rifugiai sotto il mio lettino. Avevo solo cinque anni, ma l'istinto di sopravvivenza ha una forza incontenibile a qualsiasi età.

Non c'era una parte del corpo che riuscissi a tenere ferma. Il tremore era incontrollabile e cercai disperatamente di non battere più i denti per paura che lui potesse trovarmi. Sembrarono minuti interminabili quelli in cui attesi che mi scovasse e mi trafiggesse con lo stesso coltello sporco del sangue di mia madre.

Il cuore mi salì in gola quando sentii sbattere la porta. Pensai che fosse un buon segno, che forse mi sarei salvata. Ma continuai a non muovermi dal mio angolo segreto nel silenzio assordante piombato in casa. Mi spaventai a morte quando sentii sfondare la porta, temendo che lui ci avesse ripensato e fosse tornato per finirmi.

Da quel momento non ero riuscita a ricordare più nulla, nonostante mi fossi sforzata di farlo.

Il giorno successivo al sogno avvertii chiaramente che stava per avere inizio una nuova vita. Avevo finalmente ripercorso con la mente ogni istante della tragedia a cui avevo assistito da bambina. Era riaffiorato ciò che avevo rimosso per autodifesa, non essendo in grado di sopportarne la drammaticità.

Ricordare mi aveva alleggerita dal terrore dell'ignoto. Ormai avevo conosciuto il motivo della mia incontenibile paura e di quegli incubi tremendi, mai vissuti in modo così violento come nelle ultime notti. Potevo elaborare finalmente il lutto.

Capii che avrei potuto convivere con il mio tragico passato e provai una gran voglia di affacciarmi al mondo con fiducia e curiosità. Non poteva essere abitato solo da mostri.

Ero pronta ad aprire il mio cuore e a vivere le emozioni sopite per troppo tempo.

L'energia che avevo sentito penetrare in me con tanta intensità durante il sogno miracoloso non era uscita dal mio corpo.

Volli credere che mia madre, per la seconda volta, mi avesse fatto il dono prezioso della vita.

11

Pensavo di avere la carica giusta per ricominciare tutto daccapo.

Ma presto mi resi conto che farlo a ventotto anni comportava grande impegno e forza di volontà. Mi sentivo come una persona da sempre paralizzata che per miracolo poteva finalmente alzarsi dalla sua carrozzina. Dovetti faticare non poco per trovare l'equilibrio dopo la prolungata immobilità.

Mi imposi di uscire il più possibile. Non avevo amiche. Le uniche donne con le quali mi ero rapportata fino ad allora erano le commesse del supermercato vicino casa, la proprietaria di un negozio di intimo a due isolati di distanza e la giovane parrucchiera che mi acconciava i capelli in un bugigattolo in cui a stento aveva sistemato due caschi e un lavatesta. Con nessuna di loro andavo oltre un saluto formale o qualche chiacchiera superficiale.

Mi sentii osservata da quelle donne con curiosità quando, per la prima volta, mi videro camminare senza buste della spesa in mano. Ancor più sembrarono sorprese allorché mi presentai con un nuovo look.

Nonna Ada mi aveva messo a disposizione un po' di soldi perché soddisfacessi finalmente qualche capriccio.

Il primo fu prendere un appuntamento con il più bravo parrucchiere del posto: *Chez François*. Era il nome d'arte di Francesco Ceccarelli, figlio di gestori di una piccola trattoria che, dopo una lunga gavetta, era diventato un coiffeur affermato.

François, neanche a dirlo, indovinò il taglio ideale per il mio viso.

Subito dopo buttai tutti i tristi abiti da monaca che possedevo, optando per uno stile più giovanile e aggressivo.

I condomini e le altre persone che si erano accorte di me si dovettero chiedere cosa avesse determinato quella trasformazione, quale segreto avessi nascosto per anni restando chiusa in casa. *Emma la solitaria*. Forse mi avevano etichettata così, pensando che fossi depressa, o psicopatica. Non mi era mai importato quello che la gente pensava di me. A quel punto, meno che mai.

La sola cosa che desideravo era lasciarmi il passato alle spalle. Liberare la mente dai pensieri lugubri, concentrarmi su quelli positivi, leggeri e, perché no, frivoli.

Era così piacevole passeggiare senza una meta. Uscivo da sola, non più con nonna a fianco. Volevo considerare la mia solitudine un privilegio. Solo conoscendo me stessa, avrei potuto vivere al meglio la mia rinascita.

Mi ritrovai a osservare con attenzione il luogo ameno in cui vivevo. Mi accorsi per la prima volta che si trovava al centro di una verde conca circondata da monti. Il lungo viale che congiungeva il mio quartiere al centro storico, non molto distante, era delimitato da platani maestosi con grandi foglie. Erano pochi gli automobilisti che transitavano. Tanti, invece, i ciclisti che filavano lungo le piste ciclabili. Le loro silenziose pedalate conferivano leggerezza all'ambiente.

I palazzetti a tre piani, tutti ben tenuti e ordinatamente disposti, erano circondati da giardini fioriti e alberati. Era stato da poco costruito un complesso residenziale con due edifici eleganti a sei piani, circondati da un parco verdeggiante. L'architetto che l'aveva progettato era stato davvero abile a inserirlo nel contesto senza alcuna stonatura. Avrebbe potuto essere un mio collega, se avessi avuto il coraggio di laurearmi. Ma anche quel pensiero non mi rattristava. Nulla mi sembrava più negativo.

Riuscivo a godere per la prima volta di un'atmosfera serena, gioiosa, guardavo ammirata particolari della mia cittadina che mi erano sempre sfuggiti. Il centro storico, un antico borgo medievale, era raccolto tra la cattedrale barocca e i ruderi di un castello.

Come avevo potuto fino ad allora non rendermi conto di quanto fossi fortunata a vivere in un luogo tranquillo, non inquinato, e con tanto verde e ossigeno preziosi per la salute?

Descritta in questo modo, la mia cittadina potrebbe sembrare un posto incantato, idilliaco. Ma forse allora erano i miei occhi a vederla così, ero ben disposta a scorgere solo il bello intorno a me. Avevo lo spirito giusto, finalmente.

Ogni volta che uscivo per le mie camminate rigeneranti sostavo nella piazza centrale in una caffetteria storica, la mia preferita rispetto alle altre tre o quattro sparse nel borgo.

Mi piaceva l'accoglienza che mi riservava Ferdinando, il proprietario, un signore anziano. Dopo avermi portato il caffè al tavolino aiutandosi col bastone, si sedeva al mio fianco per raccontarmi le imprese che lo avevano visto protagonista durante la Seconda guerra mondiale e i numerosi aneddoti della sua vita. Era così piacevole ascoltarlo. Avevo tanto da imparare dalla sua esperienza e dal suo buon senso. La compagnia del signor Ferdinando accresceva il mio benessere interiore e, a fine mattinata, tornavo a casa canticchiando, felice di aver cominciato ad assaporare la vita.

Mi sentii privilegiata ad abitare in una cittadina distante due ore dalla capitale e solo un'ora dalla costa. Se il mare fosse stato più lontano, nonna Ada non avrebbe potuto portarmici all'età di sette anni, e poi ogni anno successivo per una settimana a luglio, fino al compimento del mio ventesimo anno.

Da un certo punto in poi non ebbe più la forza per sostenere quella vacanza. Non sopportava il caldo, preferiva la frescura di casa nostra. Aveva bisogno delle sue comodità, come tutte le persone avanti negli anni.

Soffrì più al pensiero che avrei rinunciato ad andare in vacanza senza la sua compagnia che all'idea di non rivedere mai più il mare.

Io sì che lo avrei rivisto! Ci vollero però nove anni perché accadesse. Chi se le dimentica le scorrazzate che facemmo per raggiungerlo, io e Cristina, sulla sua auto sportiva nell'estate del 1989.

Nelle nostre chiacchierate nonna Ada amava talvolta rievocare la mia candida espressione di stupore quando all'improvviso, dal finestrino del treno, mi aveva fatto ammirare quella distesa azzurra. Mi aveva tenuto gli occhi chiusi con le sue mani fino a che non era comparsa davanti a noi. Era così emozionante ascoltare il suo racconto che le chiesi più volte di ricordare quei momenti.

Ho potuto constatare che la gioia che si prova nel mostrare, a chi non lo ha mai visto, quel miracolo della natura, è pari alla meraviglia di chi lo ammira per la prima volta. È impresso nella mia memoria lo sguardo attonito di Luca quando gli presentai il mare.

Aveva quasi cinque anni.

Mi ero dovuta impegnare per non sottrarre troppo tempo alla pittura occupandomi di lui. Preferivo far sbizzarrire il bambino nelle campagne vicine, lasciandolo libero di giocare con i suoi amichetti nel parco davanti casa nostra, anziché allontanarci da quei posti comodi e a noi familiari.

Ma quel 9 luglio 1995 mi sentii finalmente pronta per portare Luca al mare.

Andammo in treno, così da replicare in tutto e per tutto il viaggio fatto con nonna Ada da bambina. Non vedevo l'ora di provare le sue stesse emozioni. Aveva ragione lei. Ne valeva la pena.

Quella fu l'unica volta che con Luca andammo sulla costa in treno. Avevo voluto assaporare tutto il suo stupore senza essere distratta dalla guida. Inoltre, il tratto ferroviario consentiva di estasiarsi guardando il panorama dall'alto. Non c'era posizione migliore per far godere mio figlio di quella vista.

Dall'estate seguente caricammo la nostra station wagon e trascorremmo due settimane a luglio nello stesso albergo in cui avevo alloggiato per tanti anni con nonna.

Quando tornammo le raccontai, per filo e per segno, tutto quello che avevamo fatto in vacanza. Nei suoi occhi comparve una luce di dolce nostalgia. Guardava assorta un punto lontano. Non era difficile capire che la sua mente era concentrata a ricordare quanto fosse bello il mare.

12

Quell'energia che mia madre mi aveva trasmesso era talmente intensa che pensai fosse un peccato sprecarla. Non mi bastarono più le passeggiate solitarie e le chiacchierate con il signor Ferdinando.

Pensai che fosse importante fare qualcosa di diverso, di più divertente, che mi consentisse anche di conoscere persone. Considerai l'idea di iscrivermi alla palestra più vicina. Volevo essere in forma, tonificarmi e perdere quei chili di troppo dovuti alla sedentarietà. Avrei unito l'utile al dilettevole.

Non sapevo di essere estroversa e di piacevole compagnia. Scoprii aspetti del mio carattere che fino ad allora non immaginavo di possedere. E che mi sorpresero piacevolmente. La mancanza per tanti anni di relazioni sociali non li aveva fatti emergere.

La palestra era il luogo ideale per fare conoscenza. Facevo il mio ingresso in sala attrezzi con un sorriso accattivante e così mi guadagnavo la simpatia degli altri frequentatori. Mi unii anche a una comitiva di ragazzi e ragazze con i quali andavo la sera a mangiare una pizza o a bere una birra.

Pensai di dover riservare maggiore clemenza ai maschi con i quali mi rapportavo, sforzandomi di non essere prevenuta nei loro confronti. Era necessario per la mia completa guarigione vincere questo pregiudizio. E considerai giusto provare a vivere qualche esperienza.

Così osservai con più fiducia e curiosità i giovani della comitiva. Mi accorsi che uno di loro, Emilio, mi guardava con insistenza e cercava di avvicinarsi a me sia durante gli allenamenti sia durante le uscite serali. Simpatizzammo.

C'era una bella complicità tra di noi. Aveva cinque anni più di me. Era avvocato, abitava in una villetta in periferia. Il piano terra lo aveva destinato al suo studio. Non mi preoccupai di avere altre informazioni sul suo conto.

Provammo il desiderio di uscire da soli, separandoci dal gruppo. Mi piaceva parlare con Emilio, ed era interessante confrontarmi per la prima volta con un uomo. Mi avrebbe aiutata a conoscere un universo a me sconosciuto.

Raccontai alla nonna della simpatia per il mio nuovo amico. Ne fu molto felice.

Mi raccomandò non so quante volte di essere prudente e di non uscire da sola con lui prima di saperne di più.

E io: «Nonna, stai tranquilla. So che devo stare attenta. Emilio è un avvocato, un uomo perbene. Per strada tutti lo salutano con rispetto, è molto stimato. So quello che faccio».

Continuai a frequentare Emilio anche dopo la chiusura estiva della palestra. Un giorno mi telefonò entusiasta: aveva organizzato per Ferragosto una serata speciale in una discoteca all'aperto.

L'idea mi eccitò. Avrei provato in pubblico i passi di ballo che avevo imparato al corso di salsa e bachata organizzato in palestra.

Quel 15 agosto del 1988 fu un giorno talmente afoso da costringerci a restare chiuse in casa.

Emilio venne a prendermi alle nove in punto. Era la prima volta che uscivamo con la sua auto, un bel fuoristrada. Ormai mi fidavo di lui. Ballammo scalmanati fino a notte fonda senza sosta, divertendoci a più non posso.

Non ero abituata a bere, ma quella sera volli concedermi una piccola follia. Cosa poteva succedere in fondo? C'era pur sempre Emilio a proteggermi.

Ma l'Emilio che io conoscevo non era lo stesso che, finita la festa, si sedette al posto di guida della sua auto per riportarmi a casa. Prima di mettere in moto, nel parcheggio ormai quasi deserto, si girò verso di me e cambiò espressione.

Il suo sguardo non era più dolce, sorridente. Diventò serio, paurosamente serio. Mi prese la testa tra le mani e mi baciò sulla bocca. In un primo momento lo lasciai fare. Non avevo mai baciato un uomo e volevo vedere l'effetto che mi faceva.

Non fu piacevole.

Quel bacio non era delicato, come avevo sperato. Trapariva da Emilio una bramosia sessuale incontrollata. Avrebbe potuto baciarmi in una di quelle serate allegre trascorse insieme. Perché proprio in macchina, di notte, sotto l'effetto dell'alcol, in un parcheggio dove non c'era nessuno a cui potessi chiedere aiuto? Perché non mi baciava dolcemente, guardandomi con tenerezza, come lui sapeva fare?

Avrebbe dovuto accorgersi che non ne avevo voglia in quel momento, e che quel suo approccio mi metteva a disagio.

Lo allontanai, ma lui continuò a tirarmi verso di sé, cercando di baciarmi ancora. Poi cominciò a toccarmi il seno, a scendere giù con le mani, a stringermi con forza. Io mi divincolai, e a quel punto gli mollai uno schiaffo, intimandogli di riportarmi a casa.

Sembrò stordito dalla mia fredda determinazione, accese il motore e mi riaccompagnò.

Seguirono minuti interminabili di silenzio.

Ero angustiata da un turbinio di pensieri. Capii che non ero pronta per avere una relazione, gli uomini rappresentavano ancora un pericolo per me.

Emilio non sembrava una persona violenta, tutt'altro, ma il riprovevole comportamento di quella notte aveva rivelato la sua vera indole. Doveva aver pensato che, non essendo abituata a bere, non sarei stata in grado di difendermi dai suoi impulsi. Insomma, aveva voluto approfittarsi del mio stato. Avrebbe dovuto fermarsi subito, rispettarmi.

Mi sembrò di vederlo mortificato, o forse volevo convincermi che lo fosse.

Fatto sta che, dopo essere scesa dal fuoristrada sbattendo con forza lo sportello, non lo rividi più. Non venne più in palestra, e uscì come niente fosse dalla comitiva. Mi sembrò una decisione saggia: avrebbe evitato disagi a entrambi. Non avrebbe potuto esserci neanche più un'amicizia, del resto. Forse mi ero illusa che lo fosse fin dall'inizio.

Emilio era stato capace di rovinare tutto. Avevo cominciato a sognare il primo bacio, i momenti romantici che avrei potuto vivere lasciandomi avvolgere da un uomo in un abbraccio rassicurante.

Niente di tutto questo. Solo un sapore amaro in bocca, come se la sua saliva fosse veleno. Non avrei mai potuto perdonarglielo.

Ma quella spiacevole esperienza mi servì per capire che ero riuscita a non farmi sopraffare dalla paura, che il passato non condizionava più la mia vita rinnovata. Anzi, averlo elaborato mi aveva trasmesso un senso di coraggio, di cui cominciai a sentirmi orgogliosa.

Ero certa che non mi avrebbe più abbandonata.

Causò tuttavia una battuta d'arresto nelle relazioni con l'altro sesso. Presi consapevolezza del fatto che sarebbe stato quasi impossibile fidarmi di nuovo di un uomo, figurarsi poi innamorarmene. Ma non mi tormentava quel pensiero. La vita mi avrebbe riservato altri piaceri.

E per il momento mi bastava aprirmi a essi con ottimismo.

13

Cristina comparve nella mia vita all'improvviso. Non avevo ancora idea di cosa fosse l'amicizia, quella vera, per la pelle, destinata a non finire mai. Dopo la pausa estiva, lasciata alle spalle l'esperienza incresciosa con Emilio, nei primi giorni di settembre ritornai in palestra.

Mentre mi allenavo, vidi entrare una ragazza che non avevo mai visto prima. Aveva grosso modo la mia età, era alta, bionda, occhi scuri, formosa, in una parola, bella. La sua bellezza era accentuata dalla solarità che emanava e dal sorriso ammaliante.

Viveva con la famiglia in un appartamento del nuovo complesso residenziale, non lontano da casa mia.

Ci volle veramente poco perché simpatizzassimo. Le nostre chiacchiere erano più stimolanti degli esercizi fisici e così bastò uno sguardo perché decidessimo di terminarli prima del tempo.

Le chiesi se le andava di fare un giro in centro. Accettò con entusiasmo.

Il caldo afoso aveva lasciato spazio a una gradevole aria fresca e una bella passeggiata era la cosa migliore che si potesse fare. La portai al bar di Ferdinando per offrirle qualcosa da bere e lì trascorremmo le nostre prime due ore insieme, parlando ininterrottamente.

Riuscimmo con disinvoltura a raccontarci di noi. Quel breve lasso di tempo fu sufficiente per avere l'impressione che ci conoscessimo da sempre. Ce lo dicemmo in contemporanea e scoppiammo a ridere battendo il cinque.

Ovviamente mi guardai bene dal parlarle della mia prima vita. Era un segreto che io e nonna Ada avremmo conservato in eterno. Ce lo eravamo promesso. Forse inconsapevolmente avevamo pensato che, se la verità fosse venuta a galla, avremmo potuto essere additate come le superstiti di una famiglia distrutta da un omicidio efferato, che sarebbe stato meglio non frequentare.

Cristina aveva la mia età, ci dividevano appena due mesi. Mi disse che la mamma era psicologa e il padre critico d'arte. Domenico, suo fratello, era di qualche anno più piccolo. Pensai subito che la sua fosse una famiglia benestante, potendosi permettere quell'attico.

Il nostro incontro diede un senso di maggiore completezza alla mia nuova vita. Grazie a lei compresi la differenza tra una conoscenza e un'amicizia vera, e quanto quest'ultima sia preziosa. Eravamo talmente affiatate che non mi ci volle molto perché fossi sicura di poter sempre contare su di lei. Cristina sentiva la stessa cosa. Questo genere di solidarietà può toccare i massimi livelli se a legarsi sono due donne.

Avevo sentito parlare di colpo di fulmine in amore, e all'epoca ero convinta che non avrei mai provato una sensazione così travolgente. Ora constatavo che anche l'amicizia contempla l'amore a prima vista. Cristina era piombata nella mia vita inaspettatamente e mi sembrò che la buona sorte mi avesse fatto imbattere in lei proprio nel momento giusto.

Diventammo inseparabili. Chiacchieravamo allegramente nella mia camera per ore e ore, come adolescenti. Avevamo a disposizione un comodo divanetto verde, ma il nostro posto preferito era il letto, su cui amavamo sdraiarci, una a capo e una ai piedi, così da poterci guardare giocherellando con due cuscini che spesso diventavano armi innocue in caso di battute non gradite. Cristina era riuscita a trasformare quel luogo, un tempo tetro perché vi si respirava la paura, in uno spazio piacevole, dove regnava la gioia di vivere.

La mia amica aveva una cultura musicale straordinaria e mi rese complice di questa sua passione. In poco tempo due mensole della mia libreria furono occupate dai *compact disc* che mi aveva suggerito di ascoltare. Io chiedevo e nonna Ada mi accontentava. Mi regalò anche uno stereo di ultima generazione. I primi cd che acquistai contenevano i successi di artisti leggendari come i Queen, Madonna, gli Abba. Ma la mia preferita divenne fin da subito Whitney Houston. Fui estasiata dalla sua voce potente e versatile, emozionata dalla sua coinvolgente interpretazione. Chiesi a Cristina di tradurmi i testi dei brani della Houston che preferivo. Mi meravigliò che parlassero di speranza, di forza interiore, di resilienza.

Amai ancor più quei pezzi musicali. Mi piaceva pensare che parlassero di me.

14

Raramente invece andavo a casa di Cristina. La verità è che non mi sentivo a mio agio in un ambiente così elegante e diverso da quello a cui ero abituata. E soprattutto non mi faceva bene respirare quell'aria di famiglia apparentemente realizzata, a cui non mancava niente. Nemmeno un cane – Oliver – che scorrazzasse da una stanza all'altra.

Ero felice che Cristina avesse tutto quello che si poteva desiderare, ma stare da lei accresceva ogni volta il senso di ingiustizia che provavo a causa della mia tragedia familiare.

L'unica consolazione era poter ammirare i meravigliosi dipinti appesi alle pareti del salone. Dinanzi a quelle opere d'arte mi assaliva un senso di sconforto. Perché avrei dovuto continuare a confezionare i miei modesti lavori? A chi sarebbero mai potuti interessare? Dovevo convincermi che non sarebbe stata la pittura il mio mezzo di sostentamento. Avrei dovuto trovare un lavoro, magari in uno studio di architettura, e accettare qualsiasi mansione. Non era giusto continuare a pesare su nonna Ada, e del resto lei non avrebbe purtroppo vissuto in eterno.

E pensare che avrei potuto entrare a far parte della famiglia Brancaccio: Domenico si era invaghito di me. Quelle poche volte che mi recavo a casa loro, non ci lasciava un minuto e condivideva la nostra allegria, disteso in mezzo a noi due sul letto della sorella.

Anche Oliver si intrufolava nella camera e non ne usciva finché non me ne andavo. Erano bastate le mie rare visite a farlo affezionare a me. Vederlo scodinzolare per accogliermi mi invogliava ad accarezzarlo. Era così dolce quando socchiudeva gli occhi nell'attesa delle mie mani sulla sua testa.

Non credevo che Domenico potesse essere attratto da me, e non solo perché aveva sei anni di meno. Certo, capita spesso che un ragazzo sia affascinato da una donna, e i motivi possono essere tanti. Nel suo caso, credo che l'attrazione fosse dovuta alla tenerezza che gli era mancata dalla mamma, al desiderio di essere ascoltato e compreso. Sua madre era una donna severa, dura, incapace di attenzioni verso i figli, ai quali non dedicava tempo, facendoli sentire soli. Era infatuata della sua professione di psicoterapeuta e forse le energie che impiegava per assistere i suoi pazienti venivano meno quando doveva occuparsi della sua famiglia.

Non aveva necessità di lauti guadagni, la dottoressa Alessandra De Vita. Era ricca di suo, inoltre il marito garantiva alla famiglia un benessere considerevole. Ma preferiva restare il più possibile fuori casa per non dover fronteggiare discussioni e malumori.

Per farla breve, quella che mi era apparsa come una famiglia esemplare non lo era per niente. Le problematiche al suo interno erano pesanti. L'atmosfera idilliaca che avevo percepito di primo acchito era fasulla.

La famiglia Brancaccio poteva permettersi il lusso, ma le era negata la felicità. Anche questa andava guadagnata, come le belle cose materiali.

Un giorno andai a trovare Cristina che era a letto con l'influenza. Domenico mi accompagnò all'uscita e sulla porta mi mise in tasca un foglietto di carta. Al momento non capii di cosa si trattasse ma, incuriosita, giunta in strada lo lessi e mi fu chiaro che non avrei dovuto più recarmi dai Brancaccio.

Era una lettera d'amore. Pareva scritta da un uomo d'altri tempi. Non avrei mai immaginato che un giovane così scanzonato potesse avere tanta sensibilità ed esprimere una tale dolcezza.

Ma ormai avevo deciso che non mi sarei più fidata di un uomo.

Era il regalo che mi aveva lasciato colui che avrebbe dovuto farmi doni di altro genere e che invece aveva devastato la mia vita.

L'amore, ammesso che esistesse, poteva essere distruttivo, meglio starne lontani.

15

Dal momento in cui nonna Ada scoprì che possedevo una straordinaria predisposizione per la pittura, non passò giorno che non pensasse a cosa fare per alimentarla, per non disperdere una tale ricchezza. Si documentò, poverina, a mia insaputa.

Non era sua abitudine acquistare quotidiani, ma a un certo punto cominciò a farlo. Mi sembrò strano, però non diedi eccessiva importanza alla cosa. Pensai che volesse documentarsi sulla tragica fine di un famoso uomo politico siciliano.

Solo in seguito mi rivelò che il motivo era la speranza di poter scovare un annuncio di una qualche scuola privata di pittura che fosse alla nostra portata.

La ricerca durò quasi due mesi, ma i quotidiani non potevano servire al suo scopo.

Entrò allora in confidenza con l'edicolante del quartiere e lui le suggerì di provare con una rivista d'arte che usciva mensilmente.

Lei la prese, tornò a casa e cominciò a sfogliarla minuziosamente, pagina dopo pagina, finché non trovò quello che cercava: un trafiletto che pubblicizzava corsi di pittura promossi dall'Accademia d'arte di Siena. Si entusiasmò leggendo che venivano proposti anche corsi accelerati mensili per allievi che abitavano fuori regione.

Un'opportunità imperdibile.

Fece tutto lei. Contattò l'accademia, parlò con la direttrice e mi iscrisse al corso di aprile. Avrebbe avuto inizio di lì a pochi giorni.

Me lo comunicò a cose fatte una mattina, mentre facevo colazione.

Restai di stucco. Non riuscii a proferire neanche una parola. Pensai di non meritare un regalo così grande.

Ma perché, di fronte a quanto di più bello potesse accadermi, non avvertivo alcun entusiasmo? Mi diedi una risposta, senza esserne convinta: forse mi ero ormai abituata a provare solo sensazioni sgradevoli, negative.

Nonna Ada, sorpresa dalla mancanza di slancio con cui accolsi la notizia, pensò che avessi paura di allontanarmi da lei. Sarebbe stata la prima volta.

Glielo feci credere, non volevo deluderla.

Dopo qualche minuto di sbandamento, mi alzai per abbracciarla, ringraziandola ripetutamente.

L'abbracciai ancora più forte la mattina della partenza per Siena, nel salutarla alla stazione. Non riuscimmo a trattenere le lacrime, come se quel viaggio dovesse separarci per anni. Cercai di ricompormi e di prendere coraggio, facendo un lungo respiro a pieni polmoni.

Nel salire sul predellino mi sforzai di pensare con ottimismo che tutto accadeva per un obiettivo.

Quel treno mi avrebbe condotta lontano dalle paure e dall'angoscia che mi affliggevano da troppo tempo.

16

L'accademia si trovava all'interno di un palazzo storico del Settecento. Si respirava arte già entrando nell'imponente androne, di fronte a quelle statue che infondevano un senso di soggezione, quasi di riverenza. Impressionava il religioso silenzio che veniva naturale osservare di fronte a tanta maestosa antichità.

L'ambiente in cui si sarebbe svolto il mio corso non era da meno. Un'ampia sala, alta una decina di metri, con soffitto a volta affrescato. Le pareti ricoperte da riproduzioni di opere d'arte suddivise per epoche e autori. Davanti a me una serie ordinata di cavalletti con tele e basi con pennelli, colori e tavolozze. Dovetti impormi di non restare a bocca aperta dinanzi a tanto sfarzo.

Mi sentivo inadeguata a godere di una simile bellezza. Io, che ero rimasta tappata in una modesta casa per tutti quei lunghi anni, cosa ci facevo in quel posto incantato?

Ebbi la grande fortuna di essere assegnata alla maestra di pittura Annalisa Brogi.

Una donna sulla quarantina, con dei lineamenti incantevoli, colori chiari e delicati, occhi celesti, lunghi e morbidi capelli biondi, di una classe e un'eleganza fuori dal comune. Arrivai a pensare, suggestionata da quell'atmosfera intrisa di arte e bellezza, che potesse essere il soggetto ideale per un quadro di Botticelli.

C'erano altri giovani nel corridoio in attesa dell'inizio della lezione, mi vergognavo ad avvicinarmi. Dovevano essere tutti toscani, era palese che si conoscessero. Sembravano a loro agio, evidentemente erano abituati a frequentare luoghi così imponenti.

Quel mio isolamento durò per tutto il mese.

Non feci amicizia con nessuno, ero diffidente, e poi mi parve che alcuni di loro mi additassero bisbigliando qualcosa sul mio conto. Preferii quindi restarmene da parte, anche fuori degli orari di lezione, quando tutti gli altri allievi uscivano in gruppo a divertirsi.

Unico mio proposito era tornare a casa con l'attestato di partecipazione al corso e un bagaglio di conoscenze che mi avrebbe consentito di diventare una pittrice vera, non più una dilettante.

La maestra Brogi mi accolse con un sorriso rassicurante. Forse aveva notato il mio imbarazzo. Cercò di mettermi a mio agio e io l'apprezzai da subito per la sua gentilezza e umanità. La mia stima crebbe a dismisura fin dalla prima lezione.

Dolce e delicata, si trasformava in un'altra persona quando parlava di arte, quando insegnava le tecniche pittoriche. Il suo sguardo diventava solenne, la voce più grave, l'atteggiamento sicuro, quasi dominante. Acquisiva un carisma che incuteva timore reverenziale e rispetto negli allievi. Avevo sentito dire che era la migliore maestra dell'accademia. Non stentavo a crederlo.

Ascoltavo con la massima concentrazione i suoi insegnamenti e l'osservavo estasiata mentre dipingeva con una destrezza tale da suscitare ammirazione e rispetto.

Mia nonna era riuscita a trovare un affittacamere proprio vicino all'accademia. Non ho mai saputo quanto abbia speso per quel mese di soggiorno a Siena, ma immagino che dovette attingere in maniera cospicua ai suoi risparmi.

I risultati brillanti che conseguii e la soddisfazione espressa dalla maestra Brogi per i miei grandi progressi, tali da farmi qualificare come la migliore allieva del mese, ripagarono nonna e me degli sforzi fatti.

Quei trenta giorni a Siena li dedicai alla mia formazione artistica.

Avevo chiesto alla direttrice, Maria Vittoria Ferrari, di potermi trattenere in accademia fino a tardi, e lei mi aveva dato l'autorizzazione senza problemi, apprezzando la mia buona volontà e la tenacia nel voler imparare il più possibile, esercitandomi anche fuori degli orari del corso. Forse la Brogi, alla quale avevo raccontato quello che potevo della mia vita, le aveva parlato di me e della non facile condizione di orfana cresciuta solo con la nonna.

Una donna sensibile come la mia maestra aveva ben compreso che la pittura era motivo di sopravvivenza emotiva. Si era, quindi, impegnata ancora di più per tirare fuori quel dono che avevo avuto la fortuna di ricevere.

Dopo qualche lezione, divenne evidente la mia predilezione per la pittura a olio e per la tecnica della lumeggiatura. Amavo creare effetti di luce con tocchi di colore più vivo, facendo emergere i volumi, le profondità.

Probabilmente avevo bisogno di dare colore a ciò che rappresentavo nella speranza di riuscire a darlo anche alla mia vita.

Il mio primo schizzo aveva avuto come soggetto nonna. Il primo quadro lo dipinsi durante il corso di pittura, lo terminai in poche ore.

Raffigurava la mia maestra. Ero riuscita a immaginarmela mentre viveva languidamente il suo privato. Non nel ruolo di docente austera, autorevole per il suo rigore e la sua competenza.

La Brogi mi sembrò inorgoglita dal fatto di essere stata una speciale fonte di ispirazione per un'allieva che aveva dimostrato di essere terreno fertile per i suoi insegnamenti.

Mi disse, quando ci salutammo con un lungo abbraccio alla fine del corso, che aveva la certezza che sarei diventata una brava pittrice. Quel mio primo dipinto l'aveva colpita per l'espressione che avevo saputo imprimere al suo volto, così dolce e assorta, per i morbidi lineamenti. Era un quadro tenero e raffinato, in cui i colori erano stati usati abilmente, le zone di luce messe bene in risalto.

Mi sembrò di toccare il cielo con un dito quando la Brogi mi mostrò il quadro esposto su una delle pareti della magnifica sala in cui si era tenuto il corso. Era stato collocato accanto a dipinti di altri allievi e a opere di artisti famosi. Fu un meraviglioso regalo di commiato. Immaginai con compiacimento quanti occhi si sarebbero soffermati con curiosità su quella mia prima opera, magari apprezzandola.

Superato il momento di commozione, le chiesi il permesso di scriverle. Ne fu felice.

Dopo il mio ritorno a casa, ogni volta che completavo un quadro le inviavo una foto per documentare i miei progressi. Di tanto in tanto mi veniva recapitata una sua cartolina. Ci sentivamo anche per telefono, in occasione delle festività, per scambiarci gli auguri.

Una volta ricevetti una sua lettera. Su un foglietto di elegante carta filigranata, con stampato il logo dell'accademia, aveva voluto mettere nero su bianco il suo giudizio. Ricordo la grafia rotondeggiante, perfetta. La sua arte traspariva in ogni dettaglio. Lessi e rilessi le frasi centrali, quelle che mi fecero tremare le mani.

La tua tecnica si è perfezionata, i tuoi ritratti sono molto interessanti, hai acquisito uno stile inconfondibile. Non mi ero sbagliata, diventerai una brava pittrice.

Le sue parole mi invogliarono a non mollare.

Ma arrivò il tempo dello sconforto.

A una sua seconda lettera in cui ribadiva il mio talento, risposi scrivendole che i miei quadri si stavano accumulando, che non sapevo più dove metterli nella mia piccola casa e che ormai mi ero convinta dell'opportunità di rinunciare alla mia passione. Non mi avrebbe mai consentito di guadagnarmi da vivere.

Nella sua terza e ultima lettera, la maestra mi rivolse parole di incoraggiamento con determinazione ancora maggiore e, forse per persuadermi, mi spiegò che possedeva uno spiccato sesto senso. Era forte in lei la sensazione che, prima o poi, mi sarebbe stata offerta la preziosa opportunità di diventare una pittrice di professione. Le mie opere avrebbero avuto la giusta divulgazione.

Tornai a scriverle dopo un lungo silenzio, ma senza inviarle nuove foto. Era il modo per comunicarle il mio avvilimento, la mancanza di stimoli e di ispirazione. Da diversi mesi ormai non riuscivo a dipingere.

Sentii di potermi sfogare con lei. Forse avrebbe potuto trasmettermi le giuste motivazioni per continuare il mio percorso artistico. Non mi bastava essere incoraggiata da un suo semplice presentimento. Fu una lettera confidenziale.

Mi aprii con Annalisa Brogi come avrei potuto fare con una sorella maggiore. Le promisi che sarei andata a trovarla a Siena perché avevo voglia di riabbracciarla dopo quasi quattro anni. Era riuscita a conquistare la mia fiducia e mi sembrava giusto che lei conoscesse anche il mio percorso di sofferenza, oltre che quello artistico. Ma era necessario che gliene parlassi da vicino.

Speravo che avesse gli strumenti per indicarmi la strada della salvezza, perché nonna Ada stava invecchiando, aveva esaurito le energie per gli sforzi sovrumani che aveva compiuto fino ad allora.

Avevo bisogno della mia maestra, della sua dolcezza, della sua umanità, dei suoi consigli.

17

Per lunghi mesi la mia lettera rimase senza risposta.

Pensai che Annalisa Brogi fosse imbarazzata dal tenore della mia missiva. Temetti che non volesse essere coinvolta in vicende personali, che volesse circoscrivere il nostro rapporto all'ambito artistico.

Al solo pensiero mi rattristai, colpevolizzandomi per aver compromesso un legame affettivo di vitale importanza per me.

Di fronte a quell'interminabile silenzio, non sapevo proprio come comportarmi. Pensai perfino di presentarmi in accademia per guardarla negli occhi e capire in che modo avrei potuto intavolare con lei un dialogo chiarificatore. Per nessun motivo avrei rinunciato al nostro prezioso rapporto.

Ne parlai con nonna. La sua saggezza mi consigliò per il meglio. Presi il coraggio a due mani e una mattina telefonai in accademia.

Riconobbi la voce squillante della direttrice.

«Ciao, Emma, che piacere sentirti. Da quanto tempo! Come stai?»

C'era cordialità nel tono di voce, ma non mi sfuggì una piccola esitazione, una pausa di troppo.

La mia fu una risposta frettolosa. Non ricambiai la cortesia. Non le chiesi come stesse, e avrei dovuto farlo, ricordando i suoi acciacchi. Volevo solo parlare con la mia maestra.

Nello stesso momento in cui la nominai, fui percorsa da un brivido. Un presentimento nefasto.

«A proposito. Dovrei parlare proprio con lei. Sono le 10:30. Ricordo che a quest'ora c'è una pausa dalle lezioni.»

«...»

«Signora direttrice. Mi sente?»

Avvertii un incomprensibile senso di trepidazione, il battito del cuore accelerò. Ci vollero ancora un bel po' di secondi per riascoltare la voce della Ferrari. Quel silenzio aveva un che di spaventoso.

La sua voce cambiò tono, diventò tremante, sommessa. «Non avrei mai voluto essere io a dirtelo, mia cara. So bene quanto voi foste legate. Annalisa mi parlava spesso di te, Emma Valente, la sua allieva prediletta. Era orgogliosa dei tuoi progressi e provava per te tanta tenerezza. Credo che avesse ben compreso il tuo disagio familiare. Una delle sue più grandi virtù era l'empatia. Una volta mi disse che era sicura che tu avessi molto sofferto nell'infanzia, e non solo per essere rimasta orfana così presto. Sentiva che c'era dell'altro. Chissà a cosa si riferiva. Sapevo che vi scrivevate. Annalisa mi mostrava le foto dei tuoi dipinti. Non c'era volta che, passando davanti al suo ritratto, non si soffermasse qualche secondo a osservarlo, rivolgendo il suo pensiero a te, che eri stata così brava a dipingerlo. Ti voleva davvero bene, Emma.»

Ora era la mia voce a essere mutata. Si fece strozzata, rauca, quando le chiesi, gridando: «Perché parla al passato? Cosa è successo alla mia maestra?»

«Sapevo, cara Emma, che prima o poi ti saresti fatta viva, però oggi mi hai colta di sorpresa. Ti avrei chiamata io per raccontarti quello che è successo, ma avevo bisogno di riprendermi un po'. Ti assicuro che è stato molto difficile per me quest'ultimo mese. La stimavo tanto e le volevo un gran bene.»

«Direttrice, per favore, non mi tenga sulle spine! Sto tremando!»

«Ragazza mia, non rendermi tutto più difficile. Siediti, fai un bel respiro e ascolta. La tua maestra era una donna forte, ma anche molto sfortunata. Due anni fa aveva scoperto di avere un cancro al seno. Un cancro molto aggressivo, che si era già esteso ai linfonodi. Si confidava con me in direzione nelle ore di intervallo. Talvolta non riusciva a trattenere le lacrime. Sembra un paradosso, ma era una prova di forza anche non nascondere le sue fragilità. Dopo quei momenti di cedimento, si ricomponeva prima di iniziare la lezione. Non voleva impietosire i suoi allievi. Dovevano continuare a riconoscere in lei il carisma della docente autorevole. Mi ha spezzato il cuore quando mi ha raccontato cosa avesse significato perdere i suoi splendidi capelli. Credimi, ho fatto di tutto per convincerla a fermarsi, a farsi sostituire, essendo così debilitata dalle terapie. Ma è stata irremovibile. Voleva portare a termine, finché ne avesse avuto la forza, quella che considerava una missione.»

«Ma cosa sta dicendo! Non ci credo, non è possibile! Io...»

Avrei voluto continuare a gridare tutta la mia rabbia, ma non mi lasciò finire la frase. Ritenne più importante quello che aveva ancora lei da dirmi. Ormai avevo capito che Annalisa Brogi era morta. Di cosa avremmo più dovuto parlare? Non ebbi però il coraggio di mettere giù la cornetta, sebbene avessi tanta voglia di farlo.

«Mia cara Emma, non ti disperare. La tua maestra non è più tra noi ma la sua eredità spirituale vive nei cuori di chi ha avuto il privilegio di conoscerla. Sono stata testimone della sua crescita spirituale e ne sono onorata. Le sue parole risuonano ancora nella mia mente, mi sento una persona migliore grazie alle sue lezioni di vita.

Pensa che riesco perfino ad affrontare gli ultimi anni della mia esistenza senza la paura della morte più vicina.

Annalisa diceva che non poteva lottare contro il tumore come fosse il peggior nemico. Avrebbe potuto essere una lotta impari. Aveva provato a curarsi, non si sarebbe mai arresa subito. Ma a un certo punto aveva dovuto riconoscere che la malattia era più forte e accettarla. Tuttavia non lo aveva fatto con disperazione, non voleva considerarsi sconfitta. Aveva deciso di dedicare l'ultima fase della sua vita a riconoscere le opportunità che il suo stato le offriva. Pensare che il tempo a sua disposizione aveva una scadenza prossima, l'aveva indotta a non sprecarne neanche un minuto. Mi ha raccontato che era riuscita a dare il giusto valore agli accadimenti, ad acquisire piena consapevolezza di sé e di ciò che possedeva, a riversare tutto l'affetto di cui era capace sulle persone a lei care, a essere più tollerante, a dedicare più tempo a scoprire e ammirare le bellezze della natura, a concentrarsi su ciò che le procurava piacere e gioia. Insomma a fare tutto quello che si dovrebbe quando la morte sembra lontana e impensabile. Secondo Annalisa era questo il modo di andarle incontro. Mi sono chiesta dove abbia potuto prendere una tale forza. Forse nella fede, forse in se stessa. Chissà... Sono stampate nella mia mente le parole che ha pronunciato l'ultimo giorno in cui è riuscita a tenere la sua lezione. Era allo stremo delle forze, le ha dette con un filo di voce e lo sguardo dolcemente rassegnato. *La morte è un evento naturale, proprio come la nascita. A volte giunge troppo presto. Ma è quello che ognuno crede, a qualsiasi età, perché anche l'attaccamento alla vita è naturale.*

Questi erano i suoi nobili pensieri, Emma. È la preziosa eredità che ha lasciato a tutti noi che le abbiamo voluto bene.

Il suo grande cuore ha cessato di battere il primo aprile scorso, poco più di un mese fa.»

Non volli sapere altro, avevo già sentito abbastanza.

Al momento mi sembrò che la Ferrari avesse parlato anche troppo.

Solo col tempo le fui grata per avermi resa partecipe di quei messaggi immensi che, tramite lei, Annalisa Brogi aveva lasciato anche a me.

Quando riuscii a riprendermi dallo stordimento, non seppi fare altro che salutare la direttrice, senza aggiungere una sola parola di commento al suo monologo.

Era una donna intelligente e sensibile abbastanza per comprendere le mie ragioni.

Subito dopo mi chiusi in camera. Avevo voglia di piangere, di sfogare la mia disperazione. Mia nonna, che aveva capito tutto già prima, mi lasciò vivere in solitudine quello straziante distacco.

Mi chiesi, nelle ore che seguirono, perché mi fosse toccata anche quella disgrazia.

Annalisa Brogi era un punto di riferimento insostituibile per me. Senza di lei non avrei potuto affogare nella pittura i miei tormenti, le mie ossessioni, le mie paure. Sentivo avvicinarsi il pericolo di una depressione dalla quale non sarei mai più emersa.

Nonna Ada aveva fatto miracoli per farmi stare meglio. La pittura era diventata sua alleata. Si era illusa, povera donna, che così sarei riuscita pian piano a trascorrere serenamente le mie notti.

D'un tratto mi sembrò che tutto fosse stato inutile.

18

Reagii al dolore abbandonando la pittura. Riposi in un armadio tavolozza e pennelli e chiusi a chiave. Pensai di disfarmi delle mie opere, ma qualcosa mi frenò.

Ripiombai in uno stato di angoscia. Gli incubi notturni si fecero più terrificanti. Sentivo che la mia resistenza era arrivata al limite.

Trascorsi in quello stato pietoso tre anni. Ma il giorno del mio ventisettesimo compleanno ebbi chiara la sensazione che, se non avessi reagito a quel mio malessere interiore, avrei rischiato di non riprendermi più, di non riuscire neanche a sopravvivere vegetando, di far morire mia nonna di crepacuore.

Mi arrovellavo per capire come avrei potuto resistere alla disperazione e non riuscivo a scorgere alcuna via d'uscita. Ma finalmente il segnale arrivò. Il mio disagio emotivo mi indusse a riconoscerlo.

Lo vidi nuovamente in un sogno. Ricordo che avvenne alle prime luci dell'alba. Mi ero addormentata dopo lunghe ore di agitazione, assalita come ogni notte dalle mie paure. Quella volta non fu mia madre a sorridermi, ma Annalisa Brogi.

Eravamo nella sala Giotto. Osservava, sorridendo dolcemente, il mio dipinto che la ritraeva. I lunghi capelli le incorniciavano il bel volto. Sembrava serena. Si voltò a guardarmi con un cenno di intesa. Quello sguardo soave ebbe il potere di rilassare il mio corpo irrigidito dal terrore.

Mi svegliai con un senso di sollievo. Annalisa, la mia cara Annalisa, era riuscita a guidarmi anche dal cielo, a farmi intendere che lei era ancora al mio fianco per sostenermi nella mia crescita artistica.

Capii cosa dovevo fare.

Chiamai anzitutto l'accademia e parlai con la direttrice. Mi sentivo in imbarazzo nel chiederle di privare la scuola di un lavoro che era nato proprio tra quelle mura. Lei comprese le motivazioni della mia richiesta e mi rassicurò: il mio desiderio era più che legittimo.

Lo stesso giorno organizzai la partenza per Siena. Non volli che mia nonna mi accompagnasse alla stazione. Desideravo vivere da sola tutti i minuti che mi avrebbero condotta dalla mia maestra.

Prima di andare in accademia, andai a salutarla. Il custode del cimitero consultò il registro in cui i defunti erano stati annotati in ordine alfabetico e dovette sfogliare varie pagine prima di trovare il numero che identificava la tomba di Brogi Annalisa. Mi sembrò così macabro quel volume. Era un elenco di morte, nessuno avrebbe più potuto rispondere a quell'appello. E fui pervasa da una tristezza infinita nel pensare a quante vite, magari spezzate ingiustamente nel pieno del loro vigore, fossero ormai ridotte a un codice.

Non avevo mai voluto recarmi sulla tomba di mia madre prima di aver conosciuto la verità sulla sua morte e, per lunghissimo tempo, anche dopo. Mi rifiutavo di accostarmi alla sua immagine inanimata. Non sopportavo l'idea di contemplare la sua bellezza sapendo che era stata deturpata dall'uomo che le aveva giurato eterno amore.

Mi bastava sapere che non mancavano mai accanto alla sua tomba i suoi fiori preferiti, le petunie. Nonna Ada, finché ne ebbe la forza, si preoccupò che fosse tutto in ordine e che i vasi non restassero mai vuoti. Il cimitero è poco distante da casa nostra, quindi lei poteva raggiungerlo a piedi senza essere costretta a chiedermi di accompagnarla. Voleva rispettare la mia volontà senza farmelo pesare.

Dopo pochi mesi dalla tragedia, fece costruire una piccola cappella che avrebbe custodito solo i resti mortali della figlia. Si era rivolta a un giovane e bravo artista locale, incaricandolo di scolpire sulla tomba una piccola barca tra le onde di un mare calmo. Su quella barchetta voleva credere che mia madre venisse dolcemente traghettata in Paradiso.

Nonna volle essere sepolta in un loculo che aveva scelto in un'edicola funeraria. Aveva stabilito che nessuno potesse riposare accanto alla figlia. Neanche lei.

Nei primi tempi dopo la morte di nonna, limitai al minimo le visite alla sua tomba.

Una volta sentii il cuore balzarmi in gola passando davanti a una graziosa cappella. Al lato della porticina risaltava un'elegante scritta in corsivo: *Dedicata a Livia.*

Chi poteva essere se non mia madre? Il suo non era un nome comune. E poi me lo sentivo che era lei. Non ce la feci ad avvicinarmi, anzi mi affrettai ad andare via.

Le volte successive arrivai a fare un giro largo per raggiungere il loculo dove riposava mia nonna. Volevo a tutti i costi evitare di avvertire quella sensazione penosa.

Ma dopo essere riuscita a guardare mia madre nelle poche foto che avevo ritrovato per caso, dopo la morte di nonna, decisi di superare quel blocco che mi impediva di fare ciò che solo io potevo fare.

Nonna Ada aveva lasciato in un contenitore sulla consolle all'ingresso due piccole chiavi dorate, senza specificare cosa aprissero.

Non c'era bisogno che me lo dicesse. Le aveva messe lì perché sapeva che prima o poi mi sarebbero servite.

E così una mattina di maggio le presi e le usai per entrare in quel luogo che mi meravigliai di sentire così familiare. Da allora non c'è stata una settimana in cui non mi sia recata con un fascio di petunie a respirare aria di pace nella tranquilla cappella *Dedicata a Livia*.

So che lei non è in quel posto, ma mi fa bene all'anima andarci.

Quella serenità interiore l'avverto non solo perché mi sembra di fare un gesto d'amore verso la donna che mi ha fatto il dono della vita. Me la trasmette il bassorilievo sulla sua tomba di pietra di Trani bocciardata, che nonna aveva avuto l'idea geniale di commissionare al marmista.

La quiete dopo la tempesta.

Quell'immagine rappresentava lo stato di grazia che forse lei stessa sperava di raggiungere presto. Sentirsi cullata senza più pensieri dalle acque di un mare tranquillo.

Più gli anni passano e più cresce la mia ammirazione per la sua intelligenza e sensibilità.

Col trascorrere del tempo, è diventata un'esigenza recarmi in quella piccola cappella e restare assorta nei miei pensieri lì dove riposa mia madre. È l'unico posto dove riesco ad ascoltare me stessa, a meditare e a pregare. Vi regna un silenzio religioso che ha su di me un effetto speciale. Mi sento rassicurata, protetta, in pace.

I pensieri che quel luogo mi ispira sono tutti positivi. Solo talvolta, a causa di un mio stato di stanchezza o di qualche preoccupazione per Luca, sono stati sfiorati dal male. Così mi sono ritrovata, in un posto sacro come quello, a fare le mie riflessioni con durezza. Non più con odio. Gli insegnamenti di nonna hanno lasciato il segno.

Quelle volte il mio pensiero è andato alla tomba del criminale che aveva spazzato via mia madre con tanta ferocia. Avrebbe potuto trovarsi in ogni posto del mondo. Ma di una cosa ero certa. Nessuno si sarebbe mai recato nel cimitero dove era sepolto per portare un fiore. Neanche i suoi più stretti familiari, che avevano preso le distanze da un congiunto capace di tanta brutalità.

Gli effetti delle proprie azioni perdurano oltre la vita.

19

Raggiunsi l'accademia in uno stato di serena commozione.

Quando andai a salutarla nel suo ufficio, la direttrice mi strinse in un forte abbraccio. Fu così affettuosa ed espansiva da confondermi. Ricordavo bene il timore che incuteva in noi allievi con la sua autorevolezza.

Mentre ci stringevamo, unite dal comune sentimento di amore nei confronti di una donna che aveva lasciato in entrambe un segno indelebile con il suo esempio, ebbi la certezza che non ci saremmo più riviste.

Non mi sentii sola durante il viaggio di ritorno, grazie al prezioso involucro dal quale non mi separai neanche un minuto. La Ferrari era stata così cortese da farmi trovare il dipinto già ben impacchettato.

Tornata a casa, finalmente potei appenderlo alla parete della mia camera, di fronte allo spazio che un tempo era destinato al mio lavoro.

Presi dall'armadio tutto ciò che occorreva per dipingere e risistemai il cavalletto nell'angolo della stanza. Nel mio angolo.

Chi ha il privilegio di esprimersi attraverso l'arte, ha sempre un posto che è solo suo, dove può isolarsi dal mondo e trovare ispirazione.

Quel viaggio mi trasmise una nuova vitalità, e mi fece tornare la voglia di focalizzarmi sulle mie tele. Non avveniva da troppo tempo e, se ero riuscita a superare l'impasse, lo dovevo al richiamo di Annalisa.

Ricominciai a dipingere. Prima di farlo soffermavo per lunghi minuti il mio sguardo su quello della mia maestra e trovavo la carica giusta.

Ebbi più che mai la consapevolezza che la pittura e nonna Ada potessero bastarmi. Non avevo il diritto di desiderare altro. Forse non lo meritavo.

20

Cominciai a dipingere volti di donne. In principio non compresi il senso di quella mia predilezione. Ma col tempo capii che nasceva da un'esigenza inconscia strettamente collegata alla mia infanzia. Non ricordavo il volto di mia madre e sentivo il bisogno di raffigurarla idealmente nelle donne che ritraevo. Mi ero sempre rifiutata di confrontarmi con la sua figura. Nonna lo sapeva bene, per questo parlava raramente del suo aspetto e, quando lo faceva, si limitava a darmi della figlia una descrizione sommaria, esaltandone con orgoglio la bellezza.

Solo dopo la morte di nonna, ritrovai sopra l'armadio della sua camera la scatola di cartone in cui aveva custodito le vecchie fotografie di mia madre. Erano una ventina. Rimasi un po' delusa dal fatto che quelle istantanee non avessero colto che pochi attimi della sua vita. Ormai mi sentivo pronta a soffermarmi sulla sua immagine, a scoprire le sembianze della donna che mi aveva messa al mondo, a curiosare in frammenti della sua breve esistenza. Il caso giunse al momento opportuno per rivelarmi come era nella realtà e non nella mia fantasia.

Credo che nella memoria di ogni donna sia impressa la felicità indescrivibile che si prova quando si dà alla luce il proprio bambino. Sono convinta che mia madre visse quell'incomparabile momento con l'uomo che amava e dal quale si illudeva di essere ricambiata.

La nascita di un figlio è un evento che ti proietta a immaginare una vita felice con la famiglia che si è appena formata, a prefigurarti un futuro roseo. Come poteva mamma, nel momento in cui partorì, anche solo ipotizzare che quella bambina non l'avrebbe vista crescere perché l'uomo col quale l'aveva procreata avrebbe posto fine con ferocia alla sua esistenza? Pensai questo con tristezza rigirando tra le mani la foto che mi ritraeva all'età di pochi mesi in braccio a lei.

Le sensazioni che provai in quel momento furono di una potenza travolgente. Ebbi la conferma che la donna che mi era apparsa in sogno era proprio mia madre. Lo sguardo tenero e amorevole verso la sua piccola era lo stesso che aveva rivolto a me quella notte. Il suo sorriso era radioso e un uomo le stringeva le spalle con un braccio. Non riuscii a guardarlo se non per un secondo. Quel maledetto era anche bello! La descrizione che ne aveva fatta nonna era perfetta.

Mi distrasse dalla rabbia una vecchissima foto che ritraeva Ada col suo Nicola e mia madre, a tre o quattro anni, in braccio a lui. Nonostante la grana dell'immagine, si coglievano le loro espressioni raggianti. Gli abiti erano modesti ma l'atteggiamento dignitoso, non c'era nulla di trascurato nell'aspetto. Probabilmente indossavano i vestiti più belli che avevano, quelli della messa alla domenica. E forse fu proprio scattata in un giorno di festa quella fotografia. Non credo che durante la settimana avessero il tempo di farsi immortalare.

Mentre guardavo quella foto pensavo a quanto fosse stato grande il loro amore. La storia di Ada e Nicola potrebbe essere la trama di un romanzo. La conosco a memoria per essermela fatta raccontare tante volte da nonna. Mi incantavo ad ascoltarla. Dovette lottare per vivere quel sentimento così profondo, e fu proprio questo a infonderle il coraggio, la forza, la tenacia, a cui poté attingere quando si ritrovò con me in braccio ad affrontare la tempesta.

Ada riuscì a gridare *no!* al cavalier Angelo D'Argenio, il suo ricco padre padrone, che le impose di lasciare il giovane e povero muratore di cui si era innamorata. Pur di sposarlo, lei andò via dal castello in cui era cresciuta per vivere in un modesto casolare col suo amato. Il padre costrinse la moglie e gli altri figli ad abbandonare Ada al suo destino. Il cuore di quell'uomo era di pietra.

Nicola lavorò di notte per rendere quella misera dimora degna della donna che per lui aveva rinunciato a tutto. Tranne che ai suoi libri: era riuscita fortunosamente a portarli via dalla sua splendida camera. Il marito le aveva costruito una piccola libreria. Avrebbe fatto di tutto per accontentarla. Si era procurato delle belle e solide tavole di legno di castagno e le aveva ancorate, ad angolo, a due pareti della stanza. Su quelle mensole nonna aveva disposto con cura i suoi volumi e accanto aveva sistemato una vecchia poltrona a dondolo. Oscillando su quella poltrona, si estraniava dalla realtà e si immergeva nei luoghi fantastici racchiusi nei suoi libri, allontanando il pensiero dall'ingiustizia subita.

La descrizione minuziosa che avevo ascoltato di quel luogo me lo fa ancora oggi immaginare come lo avessi vissuto.

Rivedo quella grande unica stanza, la tenda scorrevole che nasconde il letto matrimoniale e la culla della piccola Livia. La toilette in ferro battuto, il lavabo e la brocca in porcellana bianca con fiori delicati dipinti a mano.

Nicola era riuscito anche a riattivare il grande camino in pietra. Nonna mi ha raccontato che il calore di quel camino, oltre che riscaldare dolcemente il corpo, era in grado di insinuarsi nell'anima, trasmettendo un senso di serenità assoluta. E poi era così rassicurante per lei lo scoppiettio dei ceppi. Diceva che l'odore di legna bruciata e di cibo cotto sul fuoco in pentoloni di rame le era rimasto nelle narici, e non andava più via a distanza di tanti anni. Voleva convincersi di respirare ancora il profumo della felicità.

Mi pervase una malinconia infinita mentre stringevo tra le mani la foto che era la prova tangibile di quella felicità, di cui conoscevo la fine prossima.

Mio nonno sarebbe dovuto partire per la guerra il 20 novembre del 1939, ma non era destino che assistesse a quello che di più orrendo gli uomini possano fare.

Fu colpito da infarto nella notte del 18 novembre. Morì nel sonno.

Ada si svegliò presto come al solito e sentì il letto troppo immobile, un silenzio troppo cupo, un odore troppo inconsueto, un'aria d'un tratto troppo gelida. Tutto è terribilmente troppo quando la morte sopraggiunge e si porta via le persone nostre senza avere la clemenza di prepararci al distacco.

Nonna si ritrovò sola, con una figlia piccola. Riuscì a cavarsela grazie all'aiuto dei suoceri amorevoli. Questa condizione durò qualche anno. Dopo la morte del cavaliere, ereditò una somma di danaro sufficiente per acquistare questa casa e garantire a mia madre una vita agiata. Era solo il suo benessere a preoccuparla. Se non ci fosse stata lei, non avrebbe esitato a rinunziare all'eredità dell'uomo che da anni non considerava più suo padre.

21

Una mattina Cristina venne a trovarmi all'improvviso mentre ero intenta a dipingere. Si sedette ai bordi del letto senza pronunciare una parola. Capimmo entrambe all'istante il nostro tacito accordo. La sua doveva essere una presenza attenta ma silenziosa. Così, talvolta, dipinsi anche nei pomeriggi dedicati alle nostre confidenze. Mi piaceva farlo mentre lei mi osservava in modo discreto e rispettoso.

Diceva che cambiavo espressione quando ero concentrata sul mio quadro. *Quando dipingi non sei la mia Emma, sembri un'altra persona, incuti soggezione.*

I suoi giudizi sulle mie opere erano entusiastici e avrebbero dovuto inorgoglirmi, ma mi veniva naturale chiedermi quanto fossero obiettivi. In fondo era comprensibile che lei volesse gratificare con complimenti l'amica del cuore, incoraggiandola a proseguire nel suo percorso artistico. E se anche fosse stata sincera, rimaneva il fatto che non era un'esperta. Il suo parere, quindi, non era attendibile.

Nel pomeriggio della settimana destinato interamente a noi chiacchieravamo per ore, raccontandoci cosa avevamo fatto nei giorni precedenti. Organizzavamo le uscite del sabato sera e ci divertivamo a prendere in giro i nostri corteggiatori. Avevamo la stessa testa in fatto di uomini.

Né io né Cristina eravamo intenzionate a impegnarci in una relazione sentimentale. Lei non conosceva il vero motivo della mia avversione nei confronti del genere maschile. Le avevo raccontato di Emilio, questo sì. Ma la mia amica aveva cercato di assolverlo, non le era sembrato poi così grave il suo comportamento. Un giorno mi disse che pareva esagerata la mia reazione rispetto a una semplice avance in un'allegra notte d'estate. Fu l'unica occasione in cui litigammo. Non ci parlammo per tre giorni. Ma non riuscimmo a resistere nel silenzio più di tanto.

Dopo quell'episodio, forse spaventata dal rischio che la nostra amicizia aveva corso, considerò l'argomento un tabù. Ogni volta che rifiutavo la corte di giovani, pur se meritevoli di attenzione, non proferiva più parola.

Cristina invece giurava di aver chiuso con gli uomini per colpa di un bastardo che l'aveva fatta soffrire per anni. Insomma, ci convincemmo che saremmo rimaste entrambe single a vita e spesso ci ritrovammo a immaginarci anziane zitelle a girare il mondo su navi di lusso da crociera. Ma per potercelo permettere, io avrei dovuto vendere i miei quadri e lei avrebbe dovuto riscuotere una pensione d'oro, magari al termine di un prestigioso incarico in una grande banca. Il sogno per Cristina sarebbe stato realizzabile. Gli stage che frequentava nella capitale, dopo aver conseguito una laurea in economia aziendale a pieni voti in una prestigiosa università del Nord, le garantivano un ottimo curriculum. Peraltro, apparteneva a una famiglia facoltosa.

Chi mai avrebbe potuto essere interessato ai miei dipinti? Qualsiasi occupazione avessi trovato, non mi avrebbe assicurato lauti guadagni. Forse avrei potuto essere assunta in uno studio professionale o in un esercizio commerciale. La voglia di lavorare non mi mancava, ma non immaginavo quali mansioni avrei potuto svolgere. Mi sembrava che non sapessi fare altro che dipingere. Qualcosa avrei comunque dovuto inventarmela. Nonna Ada non poteva essere eterna e già all'epoca i risparmi che provenivano dall'eredità di Angelo D'Argenio si erano quasi esauriti.

Io e Cristina eravamo consapevoli della nostra enorme disparità economica, ma ci piaceva fantasticare sul nostro futuro insieme, fare progetti comuni. Un giorno ci scambiammo una promessa solenne, stringendoci a lungo le mani per suffragarla.

Nulla e nessuno ci separerà mai! Men che meno un uomo!

A distanza di tanti anni sorrido ripensando a quel giuramento. Quando si è giovani, si è convinti di poter manovrare il destino secondo i propri desideri, ma il tempo insegna che gli eventi della vita non sono controllabili e ciò che sembra impensabile può accadere inesorabilmente.

22

Un pomeriggio Cristina suonò al citofono. Aprii come sempre il portone senza neanche rispondere. Aveva l'abitudine di salire di corsa i tre piani del nostro palazzetto privo di ascensore. Ironizzava sul fatto che così poteva fare un po' di attività fisica, lei che era costretta a una vita sedentaria.

Mi ero chiesta spesso quale fosse la ragione per cui la mia amica, abituata a un attico di lusso con doppio ascensore, si trovasse così a suo agio nel mio modesto alloggio. Quando scadeva il nostro tempo, il suo umore cambiava, diventava mogia. A malavoglia se ne tornava al suo mega appartamento.

Ne parlai una sera con nonna e lei concordò con la mia impressione. Si soffermò qualche minuto a riflettere. Le bastò per fornirmi la giusta spiegazione, come spesso faceva rispetto ai miei dubbi, ricorrendo alla sua saggezza: «Tesoro, non sono le comodità che danno calore, ma i sentimenti. Pensi che non lo dia l'affetto che lega due amiche inseparabili come voi? Quando Cristina è qui con te, si sente a casa. E questo è merito tuo. Devi esserne contenta. C'è però da pensare che forse nella sua famiglia ci sia qualcosa che non funziona.»

Anche quello era riuscita a capire. Mia nonna aveva un intuito infallibile. Mi era ormai chiaro, ascoltando le confidenze di Cristina, che il rapporto di entrambi i figli con la madre fosse complicato. Ma capivo che la mia amica non voleva approfondire l'argomento, così mi limitavo ad ascoltare le sue doglianze appena accennate e cambiavo discorso.

Spesso accade che si preferisca eludere il confronto con la realtà, quando è dolorosa, ed evitare di parlare delle proprie afflizioni per tenere a bada la sofferenza. Peraltro, io stessa avevo deciso di escludere lei, la mia unica amica, dalla mia prima vita. Cristina non poteva non aver capito che nascondessi dei segreti, ma fu così attenta e rispettosa da non chiedermi mai nulla del mio passato.

Quel giovedì pomeriggio al citofono mi disse: «Mi dispiace Emma, oggi non posso salire. Ho Oliver con me. Non c'è nessuno a casa e, quando mi ha vista uscire, si è messo a guaire, scodinzolandomi intorno. Mi si è stretto il cuore e non me la sono sentita di lasciarlo.»

Senza pensarci su, le dissi di salire con il cane e andai ad accoglierli sul pianerottolo, come facevo sempre con lei. Erano entrambi trafelati.

Oliver sembrò felice di trovarsi per la prima volta a casa mia. Si avvicinò per guadagnarsi le mie carezze. Dopo qualche coccola, si accucciò ai nostri piedi e ci lasciò chiacchierare senza sosta, come piaceva a noi. Parlammo per un po' del più e del meno davanti alle nostre tazze di tisana fumante. Oliver dovette accontentarsi di una ciotola di acqua. Non avevo avuto il tempo di attrezzarmi.

All'improvviso interruppi la mia amica, la fissai e restai in silenzio qualche minuto. Lei mi guardò incuriosita da quel mio strano comportamento. Era scattata in me l'ispirazione! Non avrei dovuto dipingere, quello era il pomeriggio dedicato a noi. Ma le dissi con tono deciso: «Cristina, scusami, ma ho un istinto irrefrenabile. Siediti sul letto e fai sdraiare Oliver al tuo fianco!»

Mi rivolse uno sguardo interrogativo e obiettò perplessa: «Ma sporcherà la tua coperta, cosa dirà tua nonna? Non siete abituate ad avere in casa animali!»

All'epoca non sapevo cosa significasse prendersi cura di un cane e non potevo immaginare quanto potesse essere benefico farlo. Cristina fu la prima a insegnarmelo. Vedere Oliver a casa mia tranquillo, come se vi abitasse da sempre, osservarlo mentre socchiudeva gli occhi beato a ogni mia carezza, fece scattare in me la convinzione che sarei stata capace di riservare amore a un animale.

Detti una risposta sbrigativa alla mia amica: «Ma cosa vai a pensare, Cristina! E dai, non fare quella faccia. Oggi ho due modelli speciali per il mio dipinto. Tu e il tuo bellissimo cane. Metti la sua testa sulle tue gambe, accarezzalo dolcemente e sorridi. Non ti muovere però! Guardate verso di me!»

E lei, ridendo: «Ma come, non ti muovere! E lui chi lo tiene?»

«Vedrai che sarà bravo. Scommettiamo una pizza?»

Mi sentivo sicura di me. Avevo cominciato a capire che porta bene credere fortemente in se stessi. Infatti, andò tutto alla perfezione. La mia ispirazione era tale che mi consentì di ridurre al minimo i tempi di realizzazione del ritratto.

Il risultato fu davvero sorprendente. I soggetti erano esemplari, l'espressione dei loro occhi di una dolcezza infinita.

Mi innamorai di Oliver quel giorno. Fu così buono da muoversi solo qualche volta, e impercettibilmente, dalla sua posa. Chiesi a Cristina di portarlo con sé nei pomeriggi dedicati a noi.

Era sottinteso che avremmo continuato a incontrarci da me. La mia amica era così attenta e sensibile da comprendere le ragioni che mi impedivano di frequentare il suo ambiente familiare. Lei stessa, se avesse potuto, si sarebbe trasferita in casa mia con il suo cane. Avrei dovuto essere contenta di questo, ma non sarei mai riuscita a essere così egoista. Le volevo un bene dell'anima e non so cosa avrei fatto per aiutarla a migliorare i rapporti conflittuali con la madre.

Avrei capito presto quanto lei fosse convinta che c'era una sola via d'uscita dal suo disagio familiare e che fosse necessario intraprenderla per vivere serenamente la sua solitaria intimità. Non sarebbe stata una scelta facile la sua, ma ogni decisione importante richiede coraggio e comporta un prezzo da pagare.

Cristina fremeva nell'attesa di potersi finalmente vedere ritratta con il suo cane. La sua curiosità cresceva attimo dopo attimo. Cercai di bloccarla, prendendomi un po' di tempo per perfezionare qualche tratto impreciso. Avevo dovuto accelerare la creazione dell'opera approfittando dell'immobilità di Oliver, già protrattasi oltre ogni più rosea aspettativa. E questo mi aveva causato un notevole stress. Mi ritrovai madida di sudore.

Non mi ero accorta che fuori era già buio. Sicuramente avevo fatto fare tardi alla mia amica, che avrebbe dovuto sopportare le prediche della mamma.

Ma Cristina, nonostante l'ansia dovuta a quel pensiero, era stata obbediente, non si era mossa fino all'ultimo e notai anche in lei segni di stanchezza.

Quando finalmente le feci cenno di avvicinarsi per vedere l'opera finita, si lanciò di corsa, inseguita da Oliver che pensò fosse finalmente giunto il momento di giocare.

«Ma io non sono così bella!»

Fu la prima frase che riuscì a esclamare. La vidi commossa. Si incantò per lunghi minuti di fronte al quadro che la vedeva protagonista. Non aveva mai posato per un pittore e farlo per la sua migliore amica le suscitò una forte emozione.

«È bellissimo, Emma! Hai un grande talento e io sono orgogliosa di essere tua amica. Ora devo correre. Se no chi la sente! Ti chiamo domani.»

Il tempo di un abbraccio e scese velocemente per le scale con Oliver al guinzaglio.

Quella sera mi mancarono tanto entrambi.

23

«Buongiorno, Emma. Sono appena arrivata in ufficio. Devo dirti una cosa importante!»

Cristina sembrava eccitata. Quello che voleva dirmi doveva essere davvero interessante. Era difficile che mi chiamasse alle nove di mattina. E poi il suo dirigente era molto severo sull'uso del telefono dall'ufficio. Pensai avesse incontrato finalmente un giovane che le piacesse. Magari una romantica conoscenza sul treno, di quelle da film.

«A patto che sia una notizia davvero bella, Cristina! Stavo dando gli ultimi ritocchi al tuo dipinto. Mi hai interrotta.»

«Sei seduta?»

«No.»

«Allora siediti.»

«Ma cosa c'è? Hai voglia di giocare oggi?»

«Altro che gioco! Ieri, quando sono tornata a casa, mio padre era sul divano che leggeva un libro. Lo vedo così poco. Non ci avevo pensato prima, ma il tuo bellissimo dipinto mi ha illuminata. Ho preso il coraggio a due mani, ho poggiato la testa sulla sua spalla e gli ho parlato di te. So come prenderlo, conosco i suoi punti deboli, da figlia prediletta. Si sarà meravigliato, perché non sono poi tanto espansiva con lui. Voglio evitare discussioni con mia madre. Sarebbe pronta a rinfacciarmi disparità di trattamento. Ma lei ieri sera era a letto con un forte mal di testa e io ne ho approfittato per raggiungere il mio obiettivo. Sai che lui è un critico d'arte molto competente e severo. L'ho pregato di dare un'occhiata ai tuoi quadri. Gli ho garantito che non se ne pentirà. Gli ho detto che un ritratto in particolare lo avrebbe sorpreso. Ho dovuto faticare un po' per convincerlo, ma alla fine ha ceduto, forse incuriosito dal dipinto misterioso. È disposto a valutare qualche tua opera e poi si vedrà.»

Mi sembrava tutto uno scherzo. Ma Cristina non avrebbe mai potuto prendermi in giro a questo modo. Balbettai un *grazie* e corsi in cucina tremante a bere un bicchiere d'acqua.

Nonna lavorava a maglia, mi osservò con la testa china da sopra ai suoi spessi occhiali e sorrise. Mi conosceva troppo bene per capire che la mia agitazione era dovuta a una bella notizia.

Quel giorno restai imbambolata, non riuscii a concentrarmi su nulla. Non volevo illudermi che quella fosse l'occasione della mia vita. Pensai che Cristina, solo in nome del suo affetto per me, avesse convinto suo padre ad accontentarla. Mi sentii inadeguata a superare il giudizio di un esperto di arte autorevole come lui. Persi la fiducia in me stessa e affiorarono mille insicurezze. L'ultima cosa che avrei voluto era deludere la mia amica. Vagavo senza meta nei pochi metri quadrati della mia camera e parlavo da sola.

«Quali quadri dovrei mandare in visione al dottor Brancaccio? Di sicuro quello dipinto ieri. Cristina gliene ha già parlato. E poi?»

Le domande e i dubbi me li ponevo a voce alta. A un tratto mi fu chiaro cosa avrei dovuto fare.

«Annalisa, hai capito cosa mi sta succedendo? So che sarai contenta se gli mostrerò il tuo ritratto. Mi porterai fortuna!»

Mi era sembrato che il suo volto avesse cambiato espressione, che mi sorridesse in segno di approvazione. Ancora una volta vidi quello che volevo vedere, avevo necessità di aggrapparmi a segnali che mi indicassero la strada da percorrere. Mi sentivo disorientata, bisognosa di conferme e di sostegno.

La sera stessa Cristina mi telefonò per un breve saluto, come avveniva quotidianamente. La stanchezza ci impediva di chiacchierare a lungo. Soprattutto la sua, dovuta a tante ore di duro stage e al rientro in treno dalla capitale. Non riuscivamo a sentirci mai prima delle ventuno.

Avvertii nella sua voce ancora l'entusiasmo della mattina: «Allora, domani vengo a prendere i tuoi quadri. Mi faccio accompagnare da Domenico. Non preoccuparti, farò in modo che non vi incontriate! Ma ci pensi, Emma? Sono così eccitata per te!»

«Sei molto cara, Cristina, ma devo fare alcuni ritocchi al tuo ritratto e poi per l'essiccazione dei colori a olio occorre qualche giorno. Certo non mi aiuta il giallo ocra della tua bellissima camicia e neanche il pelo dorato di Oliver. Non voglio sciupare il dipinto usando prodotti per affrettare i tempi di asciugatura. E poi ho intenzione di farlo incorniciare. Dobbiamo avere pazienza per qualche giorno ancora. Ti assicuro che mi peserà molto questa attesa, ma non voglio fare brutta figura con tuo padre. Dovrò aumentare la dose di calmanti per reggere.»

L'ultima frase fece sorridere entrambe. Non le avevo nascosto la mia necessità di assumere psicofarmaci. Non c'era motivo che mi vergognassi di questa dipendenza. Anzi, non mi facevo sfuggire occasione per fare ironia sull'argomento. Cristina non poteva immaginare i motivi per i quali ero costretta a prendere ansiolitici e antidepressivi insieme.

«Non preoccuparti! La tua amica non è pazza! Sono dei semplici sonniferi» le avevo detto.

Solo una volta Cristina ha tentato di convincermi a prendere sostanze naturali. Le ho risposto che ci avevo provato, senza però trarne alcun beneficio. Non siamo più tornate sull'argomento.

«Emma, ci sei?»

«Sì, scusa. Stavo pensando di farmi aiutare da nonna a impacchettare un paio di dipinti. Lei ha le mani d'oro e farà sicuramente un bel lavoro.»

Ricordo poco dei giorni trascorsi nella spasmodica attesa della consegna delle mie opere. So solo che furono i giorni più eccitanti e lunghi della mia vita.

L'umidità in quel periodo toccò livelli massimi. Piovve senza sosta per due settimane e questo rallentò il processo di essiccazione del ritratto di Cristina e Oliver. Arrivai a pensare di alitarci su per accelerare i tempi di asciugatura. Lo confessai a nonna e ne ridemmo a crepapelle. Mi piaceva tanto trasmetterle buonumore con le mie trovate. In quei momenti vedevo dissolversi il velo di malinconia sul suo volto. Sapevo per certo che quella tristezza non era dovuta alla sua malattia, alla paura di morire, ma alla preoccupazione di dovermi lasciare sola, priva della sua presenza amorevole e del suo sostegno.

Nonna era felice del mio legame con Cristina. Sperava che, dopo la sua morte, lei diventasse per me un saldo punto di riferimento. Quando veniva a casa se la coccolava con tante attenzioni e la viziava preparandole leccornie varie che le piacevano tanto.

Povera nonna! Ormai si era rassegnata all'idea che non avrei mai voluto impegnarmi sentimentalmente con un uomo.

Ma nella vita non ci sono certezze. All'epoca nessuna di noi poteva immaginare che d'un tratto sarei stata abbagliata da una luce inattesa.

24

A volte la primavera si fa desiderare come una donna civettuola. Quell'anno, il 1989, la stagione del risveglio fu preceduta da quindici giorni di pioggia ininterrotta.

Cristina si era beccata una brutta influenza che l'aveva costretta per giorni a letto. L'arrivo del sole coincise con la sua guarigione. Così i miei quadri furono pronti per la trasferta della speranza. Nonna Ada aveva fatto proprio un bel lavoro. Sembrava fossero stati imballati da mani esperte.

Finalmente io e la mia amica potemmo trascorrere il nostro giovedì pomeriggio insieme a chiacchierare, osservate da un placido Oliver accucciato ai nostri piedi. Da quando quel cane aveva posato per me con tanta docilità, dimostrando un'intelligenza sorprendente, lo sentivo un po' anche mio.

Mi separai in serata dalle mie opere. Accompagnai Cristina fino all'androne. Domenico era lì fuori, pronto per caricare i quadri nella sua auto. Mi sentii in colpa nei suoi confronti, ma sapevo che era meglio evitare qualsiasi tipo di contatto con lui. Gli avrebbe fatto solo male.

Nelle ore che seguirono ansia e trepidazione finirono per bloccare ogni mia attività. La mia apprensione era così forte da essere paragonabile a quella di una persona accusata di un reato in attesa della sentenza. Il mio giudice si chiamava Gaetano Brancaccio e il suo verdetto avrebbe potuto condannarmi a riporre le mie speranze e a rinunciare a un sogno. Pensai, anzi mi sforzai di pensare, che non sarebbero state poi così drammatiche le conseguenze di una bocciatura. Sapevo bene quali fossero i veri drammi. Non c'era motivo di essere così agitata, mi dissi. Ma mi sembrò di prendere in giro me stessa.

Se bastasse pensare che c'è sempre qualcosa di peggiore degli eventi negativi che subiamo nella vita, saremmo tutti meno infelici. Però il dolore è privo di logica e sfugge alla razionalità.

Quell'attesa nonna me la fece sembrare meno lunga, più accettabile, ripetendomi le frasi che a lei piacevano tanto. Dovetti darle ancora una volta ragione. Fu bello aspettare ciò che mi aspettavo.

La sera successiva Cristina mi comunicò per telefono che il padre voleva incontrarmi per farmi una proposta. La sua voce era squillante come non l'avevo mai sentita. Lui era al suo fianco, lo capii. Il tono della mia amica faceva sperare in qualcosa di buono.

Mi imposi di calmarmi e di presentarmi il giorno dopo alle diciannove allo studio del dottor Brancaccio in forma smagliante e soprattutto con un minimo di sicurezza. Non volevo apparire ai suoi occhi sprovveduta e intimidita.

Mi feci consigliare da nonna la mise più adatta all'incontro. Fui d'accordo con lei sulla scelta di un tailleur pantalone blu con camicia rosa cipria. Volle appuntarmi sul bavero la bellissima spilla che la mamma le aveva regalato il giorno del suo quarantacinquesimo compleanno. Donna Assunta si era finalmente riappropriata del ruolo di madre dopo la morte dell'odioso marito. Lo splendido gioiello, opera di un famoso orafo dell'epoca, raffigura un fiore con i petali contornati da perle akoya color avorio. Nell'ovario è incastonato un rubino birmano. Quella pietra preziosa brilla ancora oggi in tutta la sua lucentezza.

Fu il dottor Brancaccio in persona ad accogliermi. La moglie lavorava fino a tardi anche il sabato. Cristina invece non si fece trovare. Pensò saggiamente che la sua presenza avrebbe potuto causarmi imbarazzo.

«Emma, devo complimentarmi con te. Ti conosco da un po' come l'amica più cara di mia figlia, ma non immaginavo avessi un talento artistico così spiccato. Ho osservato con molta attenzione i tuoi dipinti e devo dire che sarebbe sprecato tenerli appesi alle pareti della tua casa.»

Furono le prime frasi che mi rivolse dopo l'invito ad accomodarmi davanti alla sua scrivania. Mi sembrò che non fossi io a parlare quando, con una padronanza che non avrei immaginato di possedere, lo ringraziai dell'attenzione e delle parole di elogio.

Mi propose di esporre sei o sette quadri alla Galleria d'Arte Mancini, la prestigiosa galleria che da decenni operava al centro della capitale. Il proprietario, il dottor Francesco Mancini, era un suo caro amico.

«Cosa ne pensi, te la senti? Se sei d'accordo a esporre in galleria qualche tuo dipinto, ne parlo con Francesco e organizziamo il tutto.»

Allora sì che ebbi un cedimento. Come potevo riuscire a controllare l'emozione per un'offerta impensabile solo pochi minuti prima? Avrei chiesto troppo a me stessa.

Accettai la proposta con voce tremante senza esitare, balbettando che avrei seguito le sue indicazioni.

Vidi Gaetano Brancaccio sorridermi benevolmente. Ebbe la sensibilità di mettermi a mio agio, chiedendomi di raccontargli il mio percorso artistico. Così riuscii pian piano a rilassarmi, a respirare senza affanno.

Gli parlai dell'Accademia d'Arte di Siena e del corso che avevo seguito nel 1980 come allieva della maestra Annalisa Brogi.

«Ah... Ora si spiega! Hai sicuramente una dote naturale, un grande talento innato, ma Annalisa è stata una delle migliori maestre di pittura! La conoscevo bene. Povera donna, era tanto bella e giovane. Non meritava di morire così presto. È stata una grande perdita per l'arte.»

Non ce la feci a trattenere qualche lacrima. In quel momento la sentii al mio fianco, si stava avverando miracolosamente il suo presagio.

La mia reazione emotiva dovette impressionare il dottor Brancaccio. Mi offrì qualcosa da bere e si trattenne con me a chiacchierare cordialmente. Non mi chiese nulla di personale. Credo che già la figlia gli avesse raccontato della mia non facile condizione.

Si dilungò su discorsi dai quali traspariva la sua impressionante conoscenza dell'arte. Lo ascoltai senza fiatare, sentendomi frastornata da tanta sapienza. In poco tempo si guadagnò tutta la mia ammirazione.

Verso quell'uomo ancora oggi provo un forte sentimento di gratitudine e verso la figlia, anche se da tanti anni lontana, uno smisurato affetto.

25

Il 25 marzo 1989 segnò l'inizio della mia carriera artistica.

Cristina si rivelò, ancora una volta, un'amica preziosa. Avrei avuto enormi difficoltà a raggiungere in treno la capitale con il mio carico ingombrante.

Il mercoledì la madre non andava allo studio, era il giorno che dedicava all'estetista, al parrucchiere, alla palestra. La dottoressa De Vita aveva una cura maniacale del suo aspetto e della forma fisica. Chissà poi se era così esigente per sé o per apparire irresistibile a un amante segreto. Non me lo ero chiesto solo io. Perfino la figlia mi aveva confessato di averlo pensato. Come poteva non sospettarlo lei che era testimone quotidiana dei comportamenti freddi e ostili della mamma nei confronti del marito, ma anche delle sue assenze troppo frequenti?

Erano trascorsi solo tre giorni dall'incontro indimenticabile con Gaetano Brancaccio.

La mia amica aveva approfittato del giorno libero della madre per chiederle in prestito l'auto. Con cautela, di primo mattino, caricammo nell'ampio portabagagli i sette lavori che avevo scelto di presentare alla galleria. Avevo imposto a Cristina di non chiedere aiuto al fratello: l'ultima cosa che volevo era che Domenico si sentisse al mio servizio.

Mi lasciò all'ingresso della pinacoteca in compagnia dei miei quadri e la vidi infilarsi nel traffico della metropoli. Fui assalita dai sensi di colpa immaginando che sarebbe arrivata tardi in ufficio.

Per un attimo mi sentii spaesata, non sapevo cosa fare, a chi rivolgermi. Grazie al cielo, i collaboratori del dottor Mancini erano stati allertati del mio arrivo e poco dopo vennero ad accogliermi con gentilezza.

I cinque quadri che avevo selezionato e i ritratti di Annalisa e Cristina furono finalmente esposti.

Mi sistemai in una modesta pensione, dalla quale potevo raggiungere la galleria a piedi. I risparmi di nonna si erano assottigliati per consentirmi di coltivare la mia passione. Mi accontentai quindi della sistemazione meno costosa, limitando al minimo le spese della trasferta. Comunque, quel soggiorno non sarebbe stato più piacevole se avessi pernottato in un albergo a cinque stelle.

Trascorsi alla galleria tre giornate intere. Non mi stancavo mai di ammirare le opere di artisti già molto famosi, e di dare un'occhiata incredula alle mie, esposte proprio lì accanto.

Sia il proprietario sia il padre di Cristina si trovavano all'estero per lavoro. Così il venerdì sera me ne tornai a casa in treno.

Dopo circa due settimane, al suo rientro dall'Austria, Gaetano Brancaccio mi telefonò, chiedendomi di incontrarlo. Misi le ali ai piedi e in pochi minuti arrivai trafelata al suo studio.

Ero curiosa di sapere cosa avesse da dirmi. Il suo tono di voce preannunciava buone notizie. E infatti non poteva comunicarmi niente di più entusiasmante.

Lo trovai particolarmente allegro, quasi euforico. Un professionista di grande esperienza come lui provava ancora piacere nel riscontrare che la sua abilità di riconoscere nuovi talenti aveva fatto centro. I miei dipinti avevano suscitato l'interesse di un collezionista d'arte.

Avrebbe potuto comunicarmi per telefono la bella notizia, ma non aveva voluto rinunciare a godersi di persona la mia reazione.

«Hai mai sentito parlare di Lucio Marchesi?»

Scossi la testa.

«È un industriale. Un grande collezionista d'arte. Si è letteralmente innamorato della tua pittura. Ha proposto di acquistare tutti i quadri esposti. Sei felice, Emma? Niente male come inizio, no?»

Pensai che qualsiasi parola avessi pronunciato non avrebbe reso l'idea delle sensazioni stupefacenti che si erano impadronite di me. Evidentemente la mia espressione di meraviglia fu eloquente perché gongolò nel vedermi sprizzare gioia da tutti i pori, come se avessi vinto una lotteria milionaria.

Non esitai ad acconsentire alla vendita di cinque dei miei dipinti, senza neanche chiedere quale fosse la cifra offerta e quale quella adeguata.

La mia fiducia in Gaetano Brancaccio era assoluta, lo consideravo ormai il mio mentore. Oltre a essere un importante critico d'arte, era una persona dotata di rara umanità: non batté ciglio quando espressi la volontà di riportare a casa i due dipinti del cuore, quello che ritraeva la figlia con il suo cane e l'altro in cui era raffigurata la maestra Annalisa Brogi. Mai avrei potuto venderli.

Lo ringraziai mille volte per la sua comprensione. Mi parve di essere protagonista di un sogno.

Avevo la possibilità di continuare a dipingere per passione e, nello stesso tempo, guadagnare dalla vendita dei miei quadri. Senza essere vincolata a orari, senza dipendere da un datore di lavoro, come era costretta a fare Cristina. Insomma, il massimo che potessi desiderare. Finalmente la vita, che fino ad allora mi era sembrata assurda, inaccettabile, insensata, assunse consistenza e significato.

I riconoscimenti che mi furono tributati accrebbero la fiducia in me stessa e mi resero capace di fronteggiare situazioni che in altri tempi mi avrebbero messa in difficoltà.

Gaetano Brancaccio si recava spesso all'estero per partecipare a varie mostre e rassegne artistiche. Le sue valutazioni di opere d'arte erano molto richieste in tutta Europa. A causa delle sue lunghe assenze, fui costretta ad affidarmi al suo amico gallerista. Ritornai nella capitale proprio per conoscerlo e concludere un contratto di collaborazione. Peraltro, non vedevo l'ora di riportare a casa i due quadri a me tanto cari.

Con la proprietaria della pensione si era instaurato un rapporto cordiale. Era una donna rubiconda, di una mole ingombrante, molto cortese e accogliente. Non mi pesò, quindi, allontanarmi da casa per qualche giorno. Non avrei dovuto più impegnarmi nella ricerca di una camera alla mia portata.

26

Non avere sempre al mio fianco il padre di Cristina all'inizio fu disorientante. Lui mi rassicurava con la sua vicinanza protettiva. C'era feeling tra di noi e non sapevo ancora che tipo di rapporto si sarebbe instaurato con Francesco Mancini. Lo conobbi in galleria lo stesso giorno in cui arrivai. Era impegnato con dei clienti e quindi ci limitammo a qualche scambio di battute. Avevo l'impressione che gli sguardi che mi rivolgeva fossero troppo compiaciuti. Erano di apprezzamento per la donna o per l'artista?

Decisi di accettare il suo invito a cena, per comprendere meglio se potessi fidarmi dell'uomo che avrebbe dovuto gestire i miei lavori.

Mi sembrò di vivere una favola quando facemmo il nostro ingresso al ristorante di lusso di cui Mancini era cliente abituale.

L'ossequio riservatoci dal maître mi imbarazzò. Mi chiesi cosa ci facessi seduta su quella avvolgente poltrona in tessuto broccato.

Avevo pensato ingenuamente che Mancini mi avrebbe portata in un ristorante come un altro. Così avevo scelto il tailleur indossato al mio primo incontro con Gaetano Brancaccio. E invece quel semplice capo di abbigliamento mi sembrò così inadeguato in mezzo a tanta eleganza. Fortunatamente avevo raccolto i capelli con un fermaglio di metallo dorato e perline di fiume. Per quanto fosse di materiale scadente, faceva pendant con la spilla di nonna che spiccava sul bavero della giacca, compensando le carenze del mio look.

Persino il menu mi mise a disagio. I piatti elencati erano difficili da decifrare. Non avevo mai assaggiato prima di allora la cucina francese. Il cibo era troppo elaborato per i miei gusti.

Come credo capiti a molti in occasioni simili, uscii dall'imbarazzo accodandomi alle ordinazioni di Mancini. Quando arrivarono i piatti mi sentii sollevata di averlo fatto.

Le porzioni erano minime ma il gusto gradevole, anche se non riuscii a capire cosa di preciso stessi mangiando. Mentre inghiottivo piccoli bocconi con un po' di diffidenza, pensavo al momento in cui avrei raccontato a nonna e a Cristina la comicità di quella situazione, e trattenni a stento una risata. Non vedevo l'ora di renderle partecipi delle intense emozioni che stavo provando in quell'ambiente da sogno.

«I suoi dipinti trasmettono emozioni» mi disse a un tratto vedendomi finalmente più rilassata. «Lei sa imprimere agli sguardi delle sue donne fierezza, in certi casi persino un atteggiamento di sfida. I colori sono vividi e netti anche nelle sfumature. Emerge la forte personalità dell'artista, la mano è sicura. Si faccia dire, Emma, che i suoi quadri hanno la capacità di esprimere un ricco mondo interiore, anche se tormentato. Questo vede un occhio attento. Devo ringraziare Gaetano del nostro inaspettato e prezioso incontro. Spero lo sia stato anche per lei».

«Grazie, dottor Mancini, il suo giudizio non può che onorarmi e mi incoraggia a proseguire su questa strada. Devo ringraziare anch'io il dottor Brancaccio per avermi offerto questa opportunità, e lei per avermi consentito di esporre nella sua prestigiosa galleria. Ha proprio visto bene, grazie alla sua competenza artistica, ma anche alla sua sensibilità. È vero, i miei dipinti non rivelano una serenità interiore. Ma quale vero artista non è tormentato?»

Forse fui troppo formale. Volli impormi di controllare la mia incredulità per ciò che mi stava accadendo. Ma non riuscii a nascondere il mio disagio quando Mancini allungò la mano sul tavolo per accarezzare la mia.

«Oltre a essere una brava pittrice, è anche una splendida donna. Il che non guasta.»

Lo disse sorridendo, senza brama nello sguardo. Francesco Mancini era un cinquantenne affascinante, i suoi capelli brizzolati contrastavano con gli espressivi occhi azzurri, ed era in splendida forma fisica. Era anche un uomo libero. Ma non avrei mai voluto confondere la vita privata con quella che sarebbe diventata la mia professione.

E del resto l'ultimo dei miei pensieri era impegnarmi sentimentalmente con un uomo, figurarsi poi con quello che avrebbe dovuto valutare i miei lavori. La sua obiettività ne sarebbe stata compromessa. Io stessa avrei perso sicurezza nelle mie capacità.

Perciò mi sentii in dovere di puntualizzare: «Dottor Mancini, sono lusingata dai suoi complimenti. Anche lei è un bell'uomo. Ma preferisco chiarire subito che i miei numerosi impegni, compresi quelli familiari, non mi consentono di aggiungerne degli altri. Comprenderà bene quello che intendo. Se non dovesse gradire questa mia indisponibilità ad andare oltre la nostra collaborazione artistica, sarei pronta a fare un passo indietro.»

Anche in quell'occasione la buona sorte fu dalla mia parte. Davvero la vita cominciava a prendere un'altra piega. La sua risposta fu la migliore che potessi aspettarmi.

«Emma, quello che ha detto le fa onore. Non c'è motivo che possa farmi rinunciare a promuovere la sua arte. Sarebbe un delitto! Avere di fronte una donna bella come lei, che si dedica alla pittura con passione, senza cedere ad alcun compromesso, è cosa rara. Non mi faccia elencare i nomi di sue colleghe che si sarebbero strappate le vesti di dosso, pur di entrare nelle grazie di chi ha gli strumenti per fare la loro fortuna. E senza avere le sue doti!»

Ebbi una sensazione di fastidio nell'ascoltare quella sua confidenza. Tanta spregiudicatezza, pensai, non faceva bene al genere femminile.

Non mi interessava sapere se Mancini avesse approfittato di quelle occasioni, se avesse illuso artiste alle prime armi. Mi importava solo che con me si fosse comportato da uomo perbene, ritirando la sua mano e continuando a dialogare amabilmente di arte per tutta la serata.

Il suo giudizio sui miei quadri mi fece riflettere su qualcosa che mi era sfuggito.

A volte solo col tempo l'autore riesce a comprendere la vera fonte della sua ispirazione. Fu allora che mi resi conto di qualcosa che accomunava i miei soggetti. Le donne che dipingevo non avevano uno sguardo docile, triste, languido. Non traspariva in loro alcuna remissività, ma – come aveva detto Mancini – fierezza, il senso della sfida.

Mi fu tutto chiaro. Era ciò che avrei voluto vedere in mia madre! Qualità che sicuramente possedeva. Lei aveva dovuto cedere solo perché sopraffatta dalla forza bruta. Se avesse avuto lo stesso vigore fisico del marito, si sarebbe difesa, avrebbe rivendicato la propria libertà di donna, avrebbe tirato fuori tutto il coraggio per scacciare quell'uomo indegno.

Effettivamente dolcezza e serenità trasparivano solo nei ritratti delle mie uniche due modelle, Annalisa e Cristina. Non ci avevo fatto caso prima di allora e mi servì molto capirlo.

E così *Francesco*, come lo chiamai dopo quella sera, felice di darci del tu, si guadagnò tutta la mia stima, e io la sua.

27

Gaetano Brancaccio mi aveva suggerito consigli utili per l'accordo di collaborazione con il suo amico gallerista. Sapeva che avevo bisogno di sentirmi tutelata da lui. Non c'era nessun altro che avrebbe potuto curare i miei interessi.

Il pomeriggio successivo alla cena, incontrai Mancini alla galleria, nel suo ufficio privato, per la firma del contratto. Ero titubante e timorosa. Non mi sentivo all'altezza di affrontare da sola quel momento solenne. Non ricordavo nulla dei suggerimenti di Brancaccio, non ero in grado neanche di capire cosa ci fosse scritto sul contratto! Ero nel pallone.

Mancini mi spiegò allora il contenuto di ciascuna clausola, e con una chiarezza tale che perfino un bambino avrebbe capito tutto. Si dimostrò per la seconda volta un gran signore: lasciava a me l'intero ricavato della vendita dei miei primi cinque quadri. Una somma che nella mia mente considerai perfino eccessiva.

Mi sentii all'improvviso rassicurata. Riuscii a tenere la mano ferma mentre apponevo la firma che mi avrebbe cambiato la vita.

Dovetti fare tenerezza a Francesco quando guardai con occhi sgranati l'assegno sulla sua scrivania, esitando a prenderlo. In un primo momento mi rivolse un sorriso tenero e poi scoppiammo a ridere per la mia goffaggine. Così si allentò definitivamente la tensione. Mi venne spontaneo abbracciarlo in segno di gratitudine. Senza più alcun timore.

I primi guadagni mi trasmisero un'euforia contagiosa.

Quando non dipingevo, mi piaceva alzare il volume della musica. Volevo che la mia allegria si diffondesse in tutta la casa. Una volta sorpresi nonna Ada a canticchiare *Mamma mia* degli Abba. Il ritornello era irresistibile, coinvolgente. Finalmente la vedevo rilassata, nonostante la sua malattia. Le bastava vedermi tranquilla. Rappresentavo la sua unica ragione di vita e ho capito col tempo quanto possa essere appagante stare un passo indietro rispetto alla persona che si è posta al centro del proprio universo. Era quello che nonna aveva fatto con me. Ma la sua era stata una scelta consapevole, non compiuta per spirito di sacrificio o per esigenze egoistiche. Ecco perché non era stata mai opprimente o morbosa nei miei confronti. Non mi aveva mai fatta sentire la causa delle sue privazioni.

Soltanto una donna straordinaria, come era lei, può trasformare un dolore insopportabile in un amore altruistico, smisurato, ma allo stesso tempo lieve, tenero, non oppressivo o disperato.

28

Al mio ritorno a casa, dopo quei pochi ma proficui giorni trascorsi nella capitale, mi sentii pervasa da uno stato di eccitazione incontenibile.

Il vantaggioso accordo economico concluso con Francesco Mancini e l'incasso della vendita dei miei primi quadri mi invogliarono a cambiare abitudini. Potevo permettermi finalmente qualche svago senza dover chiedere soldi alla nonna.

Avvertii la smania di uscire la sera, di conoscere persone, di fare vita sociale.

Stavo emergendo dall'anonimato, la mia autostima era alle stelle, ero orgogliosa di me.

Coinvolsi in questo desiderio di cambiamento la mia amica. Non aspettava altro. Le dissi con un po' di spavalderia: «Ora si cambia vita!»

Lei aveva molti amici, conosceva meglio di me la nostra cittadina e le iniziative culturali che l'animavano. Due cinema, nessun teatro. La palestra non volevo vederla neanche più in cartolina.

«Ci sarà qualche altra cosa di divertente da fare no? Spremi le meningi, Cristina. Sorprendimi!»

Si sentì sfidata. Conoscevo bene il suo orgoglio. Rimase sovrappensiero qualche minuto e poi, battendo il palmo della mano destra sulla fronte, esultò: «Non ci avevo pensato... Sabato sera si inaugura un jazz club non molto lontano da qui. È al piano terra di un fabbricato antico. Il proprietario è amico di papà. Una persona perbene. Non ho capito di preciso quale sia stata la sua professione. Ora è a riposo. Ma credo abbia ricoperto un ruolo di grande responsabilità in una multinazionale. Ha amicizie importanti. Quindi il club sarà ben frequentato. È l'ambiente adatto a noi. A breve, sarai conosciuta anche qui. Si diffonderà la notizia della tua notorietà come artista. Mica è una metropoli, questa, no?»

«Dai, non prendermi in giro. Ora il vento soffia a mio favore, ma non voglio illudermi. Magari non venderò più neanche un quadro. E comunque, qualsiasi cosa succeda, non posso che essere soddisfatta. Questa favola la sto vivendo solo grazie a te e a tuo padre. Spero che scocchi la mezzanotte il più tardi possibile.»

«Ti conosco bene, Emma. Lo dici solo per scaramanzia. Questo sogno non svanirà. Il buon giorno si vede dal mattino. Se mio padre ha creduto in te non è perché sei mia amica, ma per il tuo incredibile talento. È solo merito tuo.»

«Va bene, va bene. Ma, a proposito di questa serata al club, io ci sto. Sono molto incuriosita, non credo sia un evento banale. Anzi, sono sicura che non ci annoieremo. Però tu sai come la penso. Sono una perfezionista. Come faccio ad assistere a un concerto jazz se non so nulla di questa musica? Dovremo documentarci.»

«So che sei una precisina. Ma rilassati, Emma. Godiamoci la serata e basta. Se proprio vuoi, studia tu e poi mi relazioni. Fino a venerdì mi aspettano giornate dure di lavoro. Non è un gioco scervellarsi per ore su pagine e pagine di bilanci sociali.»

«Ma la vuoi smettere, Cristina! Cosa dovrei fare? Relazionarti?! Hai delle uscite che mi fanno morire.

So bene quanto sia duro il tuo lavoro e anche di una noia mortale. Te ne sei lamentata tante volte. Ma non camuffare la tua pigrizia con gli impegni lavorativi. Non ci casco!»

Quella mia affettuosa accusa aveva colpito nel segno e ci ritrovammo a ridere senza riuscire a trattenerci, come spesso ci accadeva.

Quanto mi mancano quelle risate liberatorie.

Il giorno dopo, uno splendido sole mi invogliò a uscire per prendermi un caffè al bar di fronte. Non avevo tempo di arrivare da Ferdinando. Il mio nuovo lavoro richiedeva ancora qualche ritocco per essere ultimato.

La casa dove abito fa parte di una palazzina popolare, non ha balconi e questa circostanza non mi era pesata nei lunghi anni di isolamento. Non ci avevo mai fatto neanche caso. Ma dopo essere finalmente uscita dalla mia segregazione, alla luce naturale e al tepore di una giornata di giugno come quella non riuscivo più a rinunciare. Fosse anche solo per una breve pausa.

Inspirare profondamente aria pulita mi procurava un piacevole benessere psicofisico. Quel caffè, sorseggiato a un tavolino del chiosco all'interno del vicino parco alberato, aveva un aroma fantastico.

Erano i colori e i profumi dell'estate a rendere tutto perfetto.

Gustavo quei momenti di relax e mi sentivo fortunata a potermi permettere il lusso di fare, quando non ero occupata a dipingere, quello che più mi andava.

Una volta terminato il dipinto, passai il resto del pomeriggio ad ascoltare jazz. Ero molto eccitata all'idea del concerto. Tanto che mi preparai con cura.

Ricordo ancora oggi, passo dopo passo, come fossero stampate nella mia mente, le ore che precedettero il mio ingresso in quel jazz club. L'occasione richiedeva un abbigliamento accurato per presentarci all'evento in modo ineccepibile. Ne approfittammo per dedicare la mattinata a fare shopping.

Cristina scelse un paio di jeans neri e una giacca sportiva dello stesso colore, che indossò su una camicetta bianca.

Io un look meno aggressivo, un abito nero al ginocchio, attillato abbastanza da mettere in evidenza le forme. Avrei indossato una bella collana d'argento, in perfetto abbinamento.

Tacchi rigorosamente a spillo per entrambe.

Il tubino è ancora appeso nel mio armadio come un cimelio. Ogni tanto mi piace indossarlo, nonostante mi vada un po' stretto, e respirarne il profumo inconfondibile e inebriante. Non è una fragranza tipica. È un odore indefinibile. Mi sono chiesta tante volte come è possibile che non vada più via. Ma forse sono solo io a sentirlo.

Mentre mi truccavo e mi osservavo allo specchio con uno sguardo di apprezzamento, provai una strana sensazione. Sentii dentro di me che qualcosa di bello stava per accadere, ma non riuscivo a immaginare cosa.

Ci sono anni della nostra vita in cui accadono eventi in grado di segnarla per sempre, o di deviarne il corso.

Il 1965 fu l'anno nefasto, l'anno della distruzione, dell'orrore.

Il 1989 l'anno propizio, della ricostruzione sulle rovine emotive, delle occasioni irripetibili, dell'incontro con l'amore.

L'anno che avrebbe dato un senso alla mia esistenza.

29

Il Moonlight Jazz Club era davvero un locale raffinato e accogliente.

Ci venne incontro Leonardo Pecci, l'impeccabile padrone di casa, che aveva ristrutturato il casale di sua proprietà per destinarlo alla sua passione: il jazz. Ci accolse amabilmente, come faceva con tutti i suoi ospiti. Un sessantenne di bell'aspetto, curato, capelli brizzolati, occhi verdi ben evidenziati da occhiali alla moda. Non dimostrava la sua età, anche per la scelta di un abbigliamento sportivo. Ci fece sentire subito a nostro agio in un ambiente frequentato non solo da concittadini ma da persone provenienti dai paesi vicini.

Quel tipo di musica era alla portata di tutti, ma non era per tutti. All'epoca il jazz non era ancora apprezzato dai nostri coetanei. Eravamo le ospiti più giovani, e questo ci inorgoglì.

Non fu difficile capire che il proprietario non aveva organizzato quella serata per guadagnarci. Quando il trio cominciò a suonare, fummo sorprese dal ritmo travolgente della musica. Scoprimmo poi che si trattava di musicisti internazionali molto quotati. Leonardo aveva evidentemente i mezzi finanziari per permettersi un concerto di quel livello. Non avrebbe potuto inaugurare il suo locale in modo più eclatante.

Mi chiesi se fosse stata l'ebbrezza provocata da uno spettacolo così coinvolgente a predispormi a vivere emozioni che fino a pochi minuti prima avrei giurato di non poter provare mai.

Nella pausa che i jazzisti si erano concessi, ordinammo qualcosa da bere e ci sedemmo in uno dei graziosi salottini che arredavano l'atrio del casale.

Non potevo immaginare che ci fosse tanta bellezza a pochi passi da casa, in una cittadina di provincia. Le luci studiate nei minimi dettagli conferivano al posto un fascino speciale. Tutto era impreziosito da elementi d'arredo in stile vintage.

Io e Cristina osservavamo ammirate quell'ambiente ricercato, nel quale ci pavoneggiavamo muovendoci con disinvoltura, come fossimo ospiti abituali. Ci stavamo proprio godendo una splendida serata. Dalla nostra postazione potevamo osservare tutti e di conseguenza spettegolare sui nostri compaesani.

La luce era soffusa, il piccolo salotto illuminato solo da due splendide piantane. Ma i suoi occhi sembravano sprigionare una luce ipnotizzante. Aveva preso posto sul divanetto di fronte a noi. Reggeva una flûte di champagne. Non mi sfuggì che fosse una mano grande e ben curata, una mano che avrebbe saputo toccare una donna nel modo giusto, ma anche proteggerla.

Me lo trovai seduto davanti all'improvviso, come fosse un'apparizione. Non avevo avuto il tempo di vedere la sua statura. I capelli erano di un castano scuro, lisci e lunghi, i lineamenti perfetti, la bocca carnosa e gli occhi di un verde sconvolgente. Non era possibile che fosse arrivato! Non era possibile che quegli occhi si soffermassero così a lungo sui miei. Mi sembrarono minuti interminabili. Cominciai a tremare dall'eccitazione. Avvertii una sensazione di benessere fisico tale da provare dolore. Non c'era un centimetro del mio corpo che non fremesse e non fosse attraversato da un calore bruciante. Le domande affollavano la mia mente. E ora? Che avremmo dovuto fare? Lasciare tutto e scappare via? I miei occhi glielo chiedevano, lo imploravano.

Le risposte non si fecero attendere, giunsero in modo agghiacciante. Di colpo quel meraviglioso calore che mi aveva pervasa si trasformò in gelo. Una donna aveva preso posto al suo fianco. Era più giovane di lui, bassina, capelli lunghi e biondi, un po' in carne. Sarebbe passata inosservata per strada.

Mi chiesi come potesse un uomo così accompagnarsi a una donna tanto insignificante. Lui distolse a fatica lo sguardo da me per risponderle. Quanto era triste e rassegnato quello sguardo! La donna gli chiedeva ripetutamente qualcosa con tono scorbutico, antipatico. Portava una vera alla mano sinistra, lui no. Ma pensai che quel particolare non significasse niente. Molti uomini non sopportano la fede al dito, e sono tanti coloro che adducono mille scuse per non metterla. Sfilano via quello che sentono come l'anello di una catena, per sentirsi o mostrarsi più liberi.

La confidenzialità con cui lei gli si rivolgeva mi convinse che fosse la moglie o la compagna. Provai una strana soddisfazione nell'assistere all'insofferenza di lui e all'insistenza di lei. Quei dieci minuti che ci separavano dalla ripresa del concerto mi bastarono per capire che quella coppia era scoppiata, ma che era comunque una coppia e io avevo solo sognato.

Non avevo mai provato un interesse così forte per un uomo e quello che avevo di fronte per giunta lo vedevo per la prima volta.

Rimasi incantata a guardarlo finché lui e la donna non si alzarono. Non mi meravigliò scoprire che era alto e aveva un fisico atletico. Era davvero troppo! La perfezione personificata.

La sua età era indefinibile, ma di sicuro era molto più grande di me, almeno di una quindicina di anni. Non potetti fare a meno di invidiare la compagna scontrosa che poteva averlo tutto per sé. Li guardai allontanarsi verso l'uscita discutendo animatamente.

Mi feci l'idea che una donna con quel caratteraccio si era trovata lì quella sera non di certo perché amante di una musica raffinata. Altrimenti non avrebbe assillato il suo accompagnatore al punto da costringerlo a portarla via senza ascoltare il resto del concerto.

Considerata la levatura dei frequentatori del club, forse lei voleva darsi un tono, tirarsela un po'.

Pensai che se quell'uomo che mi aveva rapito il cuore e la mente in pochi minuti aveva deciso di accompagnarsi con quel tipo di donna, erano problemi suoi, non miei. Anche se – confesso – non ero poi tanto sicura di quell'affermazione. La verità è che lo avrei voluto solo per me. Subito! Pensai di essere impazzita a fantasticare l'impossibile.

Cristina mi strattonò.

«Emma, dai, andiamo, sta per riprendere il concerto!»

Era la mia amica, non potevo non confidarmi con lei. Così le raccontai quel colpo di fulmine.

«Benvenuta nel mondo delle donne!» mi festeggiò.

«Dai, se non sarà questo, visto che è impegnato, arriverà prima o poi a prenderti il tuo principe azzurro sul suo cavallo bianco. Vedi me, invece, che non ne voglio sapere perché ho ancora in testa quel fedifrago!»

Mi sforzai di partecipare con attenzione simulata alla seconda parte del concerto, per far contenta Cristina. La mia testa era altrove, era rivolta all'occasione perduta, all'aver assaporato l'amore a prima vista, all'essere stata sopraffatta dalla sua forza impetuosa e incontrollabile. Senza poterlo vivere.

Fu come aver provato una grande illusione e, dopo pochi minuti, una disillusione immane.

30

Non smisi di ripensare a quegli attimi inebrianti, ai suoi occhi così profondi e mesti, ai nostri sguardi più eloquenti di mille parole.

Mi ritrovai inaspettatamente romantica e svenevole. Quell'incontro aveva avuto la potenza di annullare il mio scetticismo nei confronti dell'amore. Almeno questo era accaduto e lo dovevo all'uomo dei miei sogni.

Una notte mi sorpresi a immaginare lui e la sua donna nell'intimità. Il solo pensiero mi provocava una stretta allo stomaco e un senso di nausea per non essere io avvinghiata a quelle braccia possenti. Provai per la prima volta istinti sessuali.

Desideravo quell'uomo più di ogni cosa al mondo. Ma non si trattava solo di attrazione fisica, volevo condividere con lui la mia vita. Non mi interessava nulla se non il suo amore. Perché mi ero perdutamente innamorata di lui.

Non sapevo dove abitasse, come si chiamasse, che lavoro svolgesse. Sapevo però quello che doveva bastarmi per dimenticarlo. Non era un uomo libero.

Mi imposi di tenermi occupata il più possibile per distrarmi, per non avere il tempo di pensare a lui. Io e Cristina ci scatenammo. Uscivamo tutte le sere dei fine settimana, tra aperitivi, cenette e nuovi concerti al Moonlight.

E così, tra distrazioni e pittura, i giorni volarono e sperai che il tempo giocasse a mio favore.

Il padre di Cristina le aveva fatto per il suo compleanno una sorpresa fantastica. Il regalo più ambito da un giovane della nostra età. Una splendida auto sportiva. Non avrei mai potuto provare invidia nei confronti della mia unica amica. Arrivammo a gioire insieme di quel dono. Sapevamo che con quell'auto avremmo potuto divertirci ancora di più e raggiungere la costa ogni volta che lo avessimo voluto.

Chiesi a Cristina di trascorrere una settimana di agosto nell'albergo sulla spiaggia dove ero stata con nonna. Furono giorni splendidi di mare, sole e divertimento.

Poi, a fine agosto Mancini mi consegnò il rendiconto delle vendite dei miei quadri. Era più che soddisfacente. I risparmi che avevo accumulato erano sufficienti per l'acquisto di un'auto. Ormai le mie puntate alla galleria erano frequenti ed era necessario che consegnassi periodicamente qualche nuovo dipinto.

Presi una station wagon di seconda mano. Nulla a che vedere con la macchina sportiva della mia amica, ma era in buone condizioni e avrebbe fatto al caso mio.

Un giovedì mattina – ricordo che era il 7 settembre – ricevetti una telefonata di Francesco: «Ciao, Emma. Come stai?»

Non attese che rispondessi, era troppo ansioso di stupirmi.

«Sei seduta?»

«No, non sono seduta.»

«Siediti allora.»

Il battito cardiaco accelerò. «Cosa vuoi dirmi, Francesco? Dai, non tenermi sulla corda.»

«Stai tranquilla, sto per comunicarti qualcosa di bello, che di sicuro non ti aspetti.»

«Vai avanti. Ti prego!»

La mia voce si alzò di tono. Quei secondi di attesa mi snervavano. Sembrava che lui volesse stuzzicare ancor più la mia voglia di sapere.

«Io e Gaetano abbiamo pensato di organizzare una mostra personale della pittrice Emma Valente. La conosci?»

Lui rideva e a me veniva da piangere. Non riuscivo a capacitarmi. Restai zitta per qualche secondo, prima di rispondere con voce stranamente alterata: «Ma cosa dici? Mi stai prendendo in giro? È troppo presto! Non credo di essere all'altezza»

Francesco rideva ancora quando mi disse: «Lo sapevo che avresti reagito così. Perciò sorrido. Ma ti capisco. Se sei all'altezza, lo decidiamo noi. Non rischieremmo una personale se non ci fossero i presupposti. Sei una pittrice emergente. I tuoi dipinti emozionano. Le donne che ritrai hanno una vitalità impressionante. Ti ho già detto alla nostra prima cena cosa penso di te come artista. Ricordi? Hai grande talento, Emma. Comincia a credere nelle tue capacità. Voglio che la nostra collaborazione prosegua a lungo. Non solo per le tue doti di pittrice, ma anche per la tua indole. Sei consapevole dei tuoi limiti e io considero l'umiltà una grande virtù. È per questo e per la tua autentica passione per l'arte, ma anche per il tuo rigore, che farai strada. Un bel tratto già lo hai percorso. La vita ti sta restituendo qualcosa di quello che ti ha tolto.»

Le parole di Francesco mi commossero. Soprattutto l'ultima frase. Aveva compreso di me molto più di quello che pensassi. Fu capace con i suoi apprezzamenti affettuosi di trasmettermi sicurezza e fiducia. Ce l'avrei fatta!

A quel punto gli chiesi di darmi tutte le indicazioni e lui, con disinvoltura, mi comunicò che avevo due settimane scarse per prepararmi al vernissage. Evidentemente a un organizzatore del suo rango quello appariva come un lasso di tempo più che sufficiente, a me parve semplicemente irragionevole. Tuttavia la motivazione che richiedeva di fissare la data a breve mi fece superare l'iniziale sbandamento.

Il 25 settembre Gaetano Brancaccio sarebbe partito per il Belgio e non voleva perdersi la personale della sua protetta.

Poter contare sulla presenza del mio mentore avrebbe meritato qualsiasi sacrificio. Pensai tra me e me che quella station wagon arrivava proprio al momento giusto. Nonna avrebbe dovuto mettersi presto all'opera per incartare in modo perfetto una ventina di dipinti. Li avrei portati alla galleria un po' alla volta.

Francesco mi aveva espressamente chiesto di esporre anche il ritratto di Annalisa e quello di Cristina e Oliver.

Nonna avrebbe dovuto riservare ai miei due dipinti del cuore un imballaggio particolarmente accurato.

31

La notte prima dell'inaugurazione della mostra non chiusi occhio.

Mi ero abituata ormai alla camera della pensione. Il materasso era perfino più comodo di quello del mio letto. Inoltre, i due giorni precedenti erano stati impegnativi dal punto di vista fisico e mentale. Non immaginavo quanto fosse complesso organizzare una mostra di pittura, allestire la galleria in modo perfetto, curare tutto nei minimi particolari.

Eppure a causa della forte eccitazione non riuscivo a rilassarmi. I pensieri erano troppi per poterli contenere tutti, la mente spaziava da uno all'altro senza sosta. Erano pensieri lieti per il sogno che si stava avverando, ma anche tristi perché quell'evento straordinario non potevo condividerlo con mia madre e con Annalisa.

Nonna era rimasta a casa, il suo stato di salute non le consentiva di affrontare un viaggio. Mi aveva orgogliosamente aiutata a preparare la partenza, preoccupandosi delle mie opere come fossero creature da vestire di tutto punto per la festa. Lei aveva avuto la possibilità di vivere in prima persona il mio percorso artistico in tutti quegli anni, fin dal 1980, e aveva partecipato attivamente a tutte le sue tappe, compresa quella mia prima mostra personale, che non sarebbe stata l'ultima. Non c'era bisogno che fosse fisicamente insieme a me perché sentissi il suo amore e il suo sostegno.

Mi accorsi con stupore che la tristezza di quella notte era ingigantita dal non poter condividere un momento così solenne con un compagno, un marito. Questo non me lo sarei mai aspettato. Da quando aveva avuto inizio la mia seconda vita, mi ero imposta di essere autosufficiente dal punto di vista emotivo. Non avrei mai voluto dipendere affettivamente da un uomo.

Forse il dolore aveva scavato dentro di me così profondamente da indurmi a rifuggire tutte le occasioni che potessero provocarne altro. Forse temevo che si rivelasse inutile lo sforzo sovrumano occorso per la mia rinascita.

Mi chiesi se fosse stata proprio una tale paura a farmi rifiutare fino a qualche mese prima l'idea di un legame sentimentale. Se lo avessi inconsciamente considerato fonte di sofferenza sicura. Eppure avevo pian piano imparato a scacciare il convincimento che tutti gli uomini fossero inaffidabili e dannosi. Ciononostante, non avevo voluto aprirmi al genere maschile, tantomeno cercare una persona con la quale valesse la pena iniziare una relazione. Più volte ero stata io a essere scelta, ma non avevo esitato a bloccare sul nascere coloro che avevano in tutti i modi dimostrato il loro interesse per me.

Ma non avevo fatto i conti con l'amore. Adesso sapevo che poteva arrivare all'improvviso con una potenza travolgente tale da far crollare tutte le certezze e abbattere gli scudi sollevati a protezione di se stessi. Lo avevo provato in tutta la sua impetuosità, pochi minuti erano stati sufficienti a farmi abbandonare le mie convinzioni.

Pensai con struggente amarezza che l'uomo che aveva scatenato in me una tale tempesta emotiva forse non lo avrei più rivisto.

32

Le luci dell'alba mi annunciarono che finalmente era giunto il giorno del vernissage.

La galleria avrebbe aperto le porte ai visitatori alle dieci.

Quattro ore!

Quel tempo mi sembrò spropositato. Ma ormai mi ero abituata a convivere con le attese e a cercare il modo per renderle più tollerabili. Decisi di alzarmi subito. A stento riuscii a tenere ferme le mani nel tentativo di riparare con un trucco leggero i danni causati al mio viso da una notte insonne. Ascoltai, come sempre, il consiglio di nonna Ada, che mi aveva raccomandato di non esagerare, perché i miei lineamenti – dolci, a suo dire – non richiedevano correzioni.

Era il 21 settembre e il clima era ancora piacevolmente caldo. Mi venne naturale indossare il tubino nero che avevo scelto per la serata di giugno al Moonlight. Mi illusi che quell'abito potesse rappresentare il simbolo dell'unione ideale tra me e l'uomo che si era impadronito del mio cuore.

Alle nove e trenta avevo appuntamento in galleria con Gaetano Brancaccio e Francesco Mancini per controllare gli ultimi dettagli e dare ufficialmente inizio alla mostra.

Decisi di impiegare il tempo che mi separava dall'incontro con loro passeggiando. Me ne andai al parco lì vicino, quasi deserto in quel giorno lavorativo, e respirai l'aria tersa della giornata di sole. Il silenzio, l'atmosfera rassicurante, il soffio carezzevole di vento mi trasmisero la serenità giusta per godermi la straordinaria occasione per la mia carriera artistica.

Prima dell'ingresso del pubblico, feci un giro nelle sale e verificai, compiaciuta, che tutto era stato allestito in modo esemplare. I miei dipinti figuravano nei cataloghi esposti a ventaglio all'ingresso su uno scrittoio dell'Ottocento. Sembravano luccicare. Nella saletta adiacente era stato approntato un buffet ricercato con stuzzichini, delizie artigianali e una selezione di bottiglie di prosecco.

Ammirai per l'ennesima volta le cinque sale intercomunicanti con i loro splendidi soffitti a volta. Gli arredi antichi ma sobri e l'illuminazione suggestiva rendevano l'atmosfera elegante. I colori nitidi dei miei dipinti spiccavano sulle tinte tenui dei muri, nei quali si inserivano con gradevole effetto architettonico intarsi di pietra viva. C'era un perfetto equilibrio tra le mie opere e lo spazio espositivo.

Sapevo bene che quello era solo l'inizio di un percorso, che la nostra collaborazione artistica non si sarebbe interrotta per lungo tempo.

Brancaccio e Mancini avevano provveduto a inviare i comunicati stampa alle redazioni giornalistiche del settore cultura e arte, nazionali ed estere, e avevano fatto stampare numerosi inviti.

Erano le undici e quindici. I primi visitatori, gli appassionati d'arte, erano stati accolti all'ingresso da Francesco. Gli esperti, gli addetti ai lavori, si sarebbero visti nel pomeriggio. Quella era la consuetudine. Anche Gaetano

Brancaccio avrebbe garantito dopo le sedici la sua presenza autorevole.

I primi visitatori mostrarono molto interesse per i miei dipinti. Mi galvanizzava ascoltare i loro apprezzamenti. Erano impressionati dalla mia pittura, ma anche dalla mia giovane età. Garbatamente scambiai con loro opinioni sulla mia tecnica, cercando di restare sul vago allorché mi chiesero cosa avesse dettato la scelta di soggetti tutti femminili.

Provai all'improvviso una strana sensazione, come un presentimento.

Mi era capitato di avvertire presagi di eventi negativi. Era successo quando il silenzio di Annalisa mi aveva fatto pensare al peggio, o qualche ora prima della visita di controllo di nonna.

Ma quella volta fu diverso. Provai un senso di leggerezza, di piacere, di benessere, simile a quello percepito prima di entrare al Moonlight. Pensai fosse collegato al successo che quella mia prima mostra personale avrebbe riscosso, alla risonanza che avrebbe avuto, all'ottimo esito delle vendite, alla possibilità che la mia pittura potesse essere apprezzata anche all'estero. Ma quel presentimento nulla aveva a che fare con i miei eventuali successi artistici.

Avvertii dentro di me un richiamo dalla sala Cupido. Salutai con cordialità gli invitati, che non si decidevano a interrompere la conversazione. Avrebbero continuato a parlare di arte chissà per quanto ancora. Ma io dovevo allontanarmi e capire cosa fosse a procurarmi quel senso di eccitazione così forte.

Mi affacciai nella sala più bella. Non era un caso che le fosse stato assegnato il nome del dio dell'amore. Era per questo che avevo scelto di esporvi sulle pareti opposte i miei due dipinti preferiti.

Era immobile davanti al ritratto di Cristina e Oliver. Lo riconobbi all'istante.

In quel momento non c'era nessuno, i visitatori si erano attardati nella sala Venere. Lo spazio che occupavamo si astrasse dal resto del mondo. Esisteva solo per me e per lui. Nessuno poteva violarlo.

Mi avvicinai col cuore che batteva forte e mi affiancai alla sua sinistra. Mi stava aspettando. Non girò neanche la testa quando prese la mia mano gelida, senza lasciarla per lunghi minuti, in silenzio.

«Era ora che arrivassi, Emma!»

La sua voce mi parve diversa dalla sera del nostro primo incontro. Allora il suo tono mi era sembrato freddo, distaccato, infastidito. Ma ora no, la voce era calda, carezzevole. Si era rivolto a me confidenzialmente, come se ci conoscessimo a fondo.

Ero stordita da quello che mi stava succedendo. Troppe emozioni nello stesso giorno! Quell'incontro imprevedibile e sognato, più che sperato, aveva messo a dura prova la mia capacità di non soccombere.

Gli parlai con lo stesso tono intimo, ma con voce tremante, fioca: «Cosa ci fai qui? Come fai a conoscermi? A sapere della mostra? Sei solo?»

Mi accorsi di avergli fatto troppe domande, ma lui sorrise teneramente, facendo intendere che era mio diritto sapere.

«Quella sera, quando ti ho vista, ti ho riconosciuta. Non era importante sapere chi fossi, come ti chiamassi. Sono bastati pochi minuti per capire che eravamo fatti l'uno per l'altra. E non parlo di chimica, ma di un'attrazione che va ben oltre quella fisica. Non c'è sempre una spiegazione a tutto. È successo e basta. I nostri occhi hanno parlato per noi. Col tuo sguardo, e con quello che sei stata capace di trasmettermi solo con la tua breve presenza, ti sei impadronita del mio cuore. E so che sarà per sempre tuo.

Leonardo Pecci è un mio grande amico. La sera dell'ultimo concerto di luglio, prima della chiusura estiva, mi sono affacciato al club, ti ho vista di spalle e gli ho chiesto se fossi del posto. Grazie a questo escamotage sono riuscito a risalire a te. Ho aspettato l'occasione giusta per parlarti. Sul giornale locale c'era la notizia della mostra. Come vedi, non è stato poi tanto difficile rintracciarti. Viviamo in un piccolo centro, non in una metropoli come questa. Ma anche qui sarei riuscito a scovarti. Non ti avrei mai lasciata andare.»

Lo ascoltavo trasognata, senza sforzarmi di trattenere le lacrime. Sarebbe stata un'impresa impossibile. Non mi sembrava che potesse accadere proprio a me. Ero confusa. Arrivai a pensare che tutto fosse frutto della mia immaginazione. Ma dovetti fare i conti con la realtà, perché si avvicinò a noi Francesco Mancini dicendomi che nella sala Venere visitatori influenti mi volevano conoscere personalmente. Era talmente eccitato che non fece caso ai miei occhi arrossati di pianto.

Mi trovai in difficoltà nel fare le presentazioni. Dopotutto Francesco ci aveva visti chiacchierare in modo confidenziale.

«Il dottor Francesco Mancini, proprietario di questa splendida galleria e...»

Lui fu così protettivo da evitarmi l'imbarazzo di non conoscere il suo nome. Allungò subito la mano e si presentò: «Dottor Matteo Romano. Conosco Emma perché abito nella sua stessa cittadina. Forse lei non lo sa, ma da noi è già una pittrice nota. Ho saputo di questa mostra e non ho voluto perdermela. Mi complimento anche con lei, dottor Mancini, per averla così bene organizzata e allestita. Non mi occupo di arte. Sono medico, ma sono un appassionato di pittura. Ho il privilegio di aver acquistato qualche opera di valore di artisti minori. E poi adoro i dipinti del Caravaggio.»

Lui parlava e io pensavo a quanto potessero essere stupefacenti i casi della vita. Ero riuscita a conoscere il nome dell'uomo che l'aveva stravolta, la sua professione e qualcos'altro di lui in modo a dir poco originale, bizzarro.

Invitai Francesco, che durante il monologo di quello speciale visitatore aveva continuato ad annuire gongolando per i complimenti ricevuti, ad avviarsi nell'altra sala. Lo avrei raggiunto subito.

Mi rivolsi poi a Matteo con disinvoltura. Quel tempo che era trascorso, seppur breve, mi aveva fatto metabolizzare tutto ciò che solo un'ora prima avrei considerato surreale.

La mia sfacciataggine non meravigliò né me né lui. Era tutto così naturale tra di noi. Non c'era spazio per alcuna strategia, un incontro unico come il nostro richiedeva che fossimo spontanei, che non reprimessimo i nostri impulsi, che fossimo trasparenti, al punto che ognuno potesse guardare senza veli nell'intimità più profonda dell'altro.

Gli scrissi su un biglietto da visita l'indirizzo della pensione e gli dissi con tono perentorio: «Alle sette e mezzo in punto, dopo la chiusura della mostra. Abbiamo tante cose da dirci, Matteo.»

Non riuscimmo a trattenere una risata di fronte a quelle parole che pronunciai con comica enfasi, come se volessi impartirgli un ordine o dargli un ultimatum.

Rideva ancora mentre mi rassicurò: «Sarò puntuale come un orologio svizzero. Ho atteso troppo tempo questo momento. Avevo previsto di ripartire domani.»

Cambiò espressione e con dolcezza disarmante mi sfiorò le labbra con le sue, trasmettendomi una scossa elettrica che mi attraversò il corpo.

Non gli chiesi se quella donna che avevo visto al suo fianco lo aspettasse a casa.

In quel momento non mi interessava saperlo.

33

Ciò che accadde nella sala Cupido è tatuato sulla pelle dei miei ricordi. Non c'è un solo secondo che non riviva ancora oggi provando le stesse sensazioni di allora.

Conservo invece una vaga memoria del resto della giornata. Eppure inaugurava la mia prima mostra personale. Avrò sicuramente cercato di concentrarmi sul modo migliore di accogliere i collezionisti, i critici, gli ospiti insigni. Avrò impiegato tutte le energie per spiegare la mia visione estetica, per suscitare l'interesse dei visitatori, per farmi conoscere dagli addetti ai lavori influenti. Lo avrò fatto, ma meccanicamente, essendo la mia attenzione focalizzata tutta sull'incontro con l'amore della mia vita.

Quando siamo vittime di eventi negativi che si accavallano o si susseguono senza sosta, interrogativi legittimi ci angustiano. Perché chi governa la nostra vita non ci condanna a una disgrazia alla volta? Perché non lascia trascorrere tra l'una e l'altra il tempo necessario per consentire di riprenderci? Perché non ci dà tregua? Rivolgiamo queste domande a un interlocutore immaginario, implorandolo di darci risposte convincenti. Ma sappiamo che non lo farà.

Quel giorno del vernissage mi fu chiaro che occorre una grande forza per non soccombere ad avversità incalzanti, ma che è necessario possederla anche per resistere a smisurate emozioni vissute in un breve lasso di tempo, dovute a eventi straordinariamente felici. Ero arrivata ad avere paura di non farcela a sopportare la loro impetuosità.

Quella sera in cui saremmo stati per la prima volta soli, nell'attesa che Matteo mi raggiungesse alla pensione, pensai davvero che il mio cuore non avrebbe retto.

Ma mi bastò vederlo davanti alla porta della mia camera e tutta la tensione si allentò. La sua vicinanza mi trasmise un senso di leggerezza che mi fece perdere il contatto con la realtà. Mi sentii proiettata in una dimensione idilliaca, pervasa da un senso di benessere assoluto.

Dopo i primi momenti in cui ci fissammo come ipnotizzati, senza riuscire a pronunciare una sillaba, ci lasciammo andare a un abbraccio lunghissimo. I nostri corpi avevano bisogno di stringersi, di parlare per noi. Non saremmo stati mai sazi di quel contatto fisico inebriante.

Ma avevamo tante cose da dirci e ci staccammo per raccontarci, senza slegare mai le nostre mani. Ci stendemmo sul letto e la stanchezza fisica che avrei dovuto sentire, dopo giorni faticosi e stressanti, svanì all'improvviso. Mi strinse a sé con dolcezza amorevole mista a virilità protettiva. Per quell'uomo provavo un amore infinito, indefinibile. E il mio sentimento era da lui condiviso con lo stesso impeto.

Qualcuno aveva voluto che le nostre strade si incrociassero. Chiunque fosse, non potevamo che essergli immensamente grati.

Non potrei, e non voglio, raccontare a nessuno quanto accadde quella notte. Non lo feci neanche con Cristina, alla quale avevo confessato tutte le più intime confidenze. Le raccontai, certo, del mio stupefacente incontro con l'uomo che da quel sabato sera al jazz club le avevo nominato in ogni nostra chiacchierata. Ma non le parlai delle emozioni che provammo, così forti da coinvolgere tutti i sensi. Non solo perché sarebbe stato impossibile trovare le parole giuste per descriverle. Quelle emozioni ho sempre voluto tenerle solo per me, custodirle gelosamente. Non devono essere condivise con nessuno.

Io e Matteo non avevamo altra esigenza se non quella di restare avvinghiati in pochi metri quadrati, sentendoci al centro dell'universo. Non mangiammo e non dormimmo per ore. Estraniammo la nostra mente da tutto ciò che non riguardava noi.

I racconti della nostra storia furono spesso interrotti da una passione incontenibile. I nostri corpi si cercavano con ardore, poi, appagato il desiderio, si acquietavano per lasciarci parlare. Ma di nuovo ci assaliva la voglia di possederci, e di nuovo, dopo aver dato sfogo alla nostra bramosia con avidità, a turno riprendevamo a raccontare da dove ci eravamo interrotti. Aver fatto l'amore con lui per la prima volta, avergli fatto dono della mia verginità, ci fece sentire ancora più indissolubili. Provammo una sensazione di beatitudine che non poteva essere che pura felicità. L'apoteosi dell'amore.

Ridemmo anche tanto, quella notte, per le nostre espressioni improvvisamente vogliose e la brusca sospensione del racconto di noi. Quei momenti di dolce comicità facevano tanto bene al nostro amore.

Ma la vera forza del nostro legame era la verità assoluta. Non c'erano segreti tra di noi.

Era tacito il nostro patto che io sapessi tutto di lui e lui conoscesse ogni cosa di me. Già quella notte gli confessai gli eventi funesti che avevano stigmatizzato la mia prima vita.

Avrei dovuto sentirmi in colpa per non averli rivelati neanche alla mia amica. Ma c'era una differenza tra loro due. A Cristina volevo molto bene, però lei aveva una individualità diversa dalla mia. Invece parlare con Matteo era come parlare a me stessa. Lui faceva parte di me.

Non esitai a soffermarmi sui macabri particolari della tragedia e a renderlo partecipe degli effetti devastanti che si abbatterono su di me. Sul mio rifiuto di ricordare quella maledetta notte per tanti, troppi anni. Su come mi fossi salvata grazie all'amore e al coraggio di nonna Ada. Sul ruolo decisivo che aveva ricoperto l'arte nella mia rinascita.

Matteo ascoltava attonito, con uno sguardo sofferente, la fronte corrugata. Si compenetrava nel mio stato d'animo, mi stringeva tra le braccia accarezzandomi i capelli, proprio come faceva mia nonna per rassicurarmi. I suoi lineamenti cominciarono a rilassarsi quando gli raccontai di come fossi riuscita a fare i conti col mio drammatico passato, lasciando che si aprissero le porte della mia seconda vita, nella quale avevo avuto la fortuna di incontrare Cristina. Di come fossi giunta, grazie a suo padre, a inaugurare quella mia prima mostra personale di pittura.

E poi il destino ha fatto il suo capolavoro. Mi ha riservato il tuo amore, ciò che di più bello neanche in un sogno avrei potuto immaginare.

Ci ritrovammo entrambi in lacrime. Avevamo prima condiviso il dolore risvegliato dalla memoria di eventi così tragici, e poi la gioia che fossero ormai solo ricordi e che il futuro ci appartenesse. Matteo era empatico come me e apprezzai che non si fosse sforzato di trattenere la commozione. Non era un uomo come tanti, che confondono la virilità con la durezza, l'impassibilità.

Anche lui non mi nascose nulla del suo passato, non i suoi errori, ma neanche la sfortuna che gli si era accanita contro e lo aveva indotto ad accettare una vita infelice con una donna che non amava.

Le prime ore che trascorremmo insieme furono talmente intense e appaganti da farci raggiungere uno stato di intimità assoluta. Come fossimo un solo corpo e una sola anima. Nulla e nessuno avrebbe mai potuto separarci.

Non c'era bisogno che ce lo promettessimo, ma fui io a chiedere a Matteo di farmi un giuramento. Me lo impose la potenza quasi insopportabile dell'amore che provavo per lui, ma anche la volontà di esorcizzare il pensiero atroce che il nostro legame non durasse per tutta la vita.

«Giurami che quando esalerò l'ultimo respiro sarai accanto a me a stringermi la mano. La morte non mi farà paura con te vicino.»

Mi abbracciò ancora più forte, restando a lungo in silenzio. Non mi rimproverò per aver pensato a qualcosa di così triste in un momento di massima felicità. Ma non giurò. Mi sono chiesta tante volte perché non lo fece.

Forse in quel preciso istante ebbe la certezza che sarebbe stato lui ad andarsene per primo.

PARTE SECONDA

(10 dicembre 2015)

34

La malinconia che mi assale è talmente acuta da provocarmi dolore fisico. Lo sento attenuarsi solo adesso che vedo finalmente dalla finestra il chiarore dell'alba. Era ora!

Questa attesa si è rivelata più snervante di quanto potessi immaginare. Sono stanca di pensare, e anche di divincolarmi nel letto a combattere con una smania molesta. Mi alzo di scatto e vado a prepararmi. Non voglio che Luca mi veda in questo stato. Sono pur sempre una donna e conosco i trucchi del mestiere. Forza Emma Valente! Vatti a fare bella per tuo figlio e sorridigli, comunque vada. Oggi è il suo venticinquesimo compleanno.

Mi sono messa l'abito che indossai il giorno in cui compì ventun anni. So che a lui piace tanto. Lo vide un pomeriggio nella vetrina di un negozietto senza pretese.

«Mamma, quel vestito ti starebbe proprio bene, ne sono sicuro. Compralo e indossalo per me.»

Me lo disse con uno sguardo dolce, ma risoluto. Acquistai l'abito senza neanche misurarlo. Di attenzioni come quella me ne ha riservato tante nel corso degli anni, facendomi sentire una mamma appagata. Non dimentica mai una ricorrenza. Sa sorprendermi con piccoli regali, con un fiore, con gesti carini.

Sono sicura che Luca mi perdonerebbe se facessi una piccola trasgressione al nostro patto. I miei nervi non reggono più. Un'ora, solo un'ora, è la libertà che mi prendo. Sono le sette meno cinque e mi affaccio nel corridoio di casa.

La porta della camera di mio figlio è lì, a due passi, ma ha rappresentato un tabù per nove anni. Come fosse la segreta di un castello.

Per vincere la tentazione di entrare, ogni volta che passavo davanti alla porta proibita rivolgevo il mio pensiero altrove. Mi sforzavo in tutti i modi di ignorare che Luca avesse voluto vivere segretamente da me la sua intimità.

Per perpetuare la sua decisione, senza aggravare il mio dispiacere, aveva ritenuto giusto riservare parità di trattamento agli amici. Anche loro non avevano avuto accesso al suo spazio privato. Ne conoscevo solo un paio, quelli più intimi. Mi ero assicurata, di nascosto da lui, che appartenessero a famiglie perbene, che fossero ragazzi tranquilli.

Cos'è un'ora di anticipo? Forse sarà già sveglio, impaziente di sapere. La mia speranza è che dorma e io possa cautamente affacciarmi al suo mondo, scrutando in silenzio qualsiasi traccia che mi anticipi quello che non ho potuto conoscere di lui.

Il cuore batte a mille mentre la mano tremante si poggia sulla maniglia. Ho mille pensieri confusi e martellanti nella testa. C'è emozione, turbamento, perfino l'impressione di compiere un'azione fraudolenta ai danni di mio figlio. E poi c'è ansia, tanta ansia. Da troppo tempo attendo questo momento.

Abbasso la maniglia con mano ferma ed entro con circospezione.

Questa porta, ignorata per anni, mi consente di affacciarmi a un universo misterioso.

La camera di Luca è stata la mia fino alla sua nascita. Gliela avevo ceduta perché era più soleggiata. In compenso, quella in cui mi ero sistemata era più ampia e mi consentiva di utilizzare uno spazio più comodo per dipingere.

Ma nulla di ciò che riesco a vedere ora, in uno stato di assoluta commozione, mi ricorda la mia stanza. Tranne forse il lampadario di cristallo di Murano a dodici luci. Rammento il numero senza contarle, perché l'ho fatto nelle interminabili notti della mia prima vita, fissando per ore il soffitto illuminato dalla luce fioca di un abat-jour che non mi sarei sognata di spegnere neanche per un minuto. Mi illudevo che contare e ricontare quelle lampadine potesse distrarmi dagli spaventosi incubi che vivevo da sveglia e aiutarmi a chiudere gli occhi per trovare un po' di pace nel sonno.

Luca aveva voluto tenere solo il lampadario. Il resto dei mobili li avevamo acquistati in un centro commerciale prima che venisse sancito idealmente l'inviolabile divieto di accesso alla sua camera. Mio figlio se li era montati da solo in poche ore. Non me li ricordavo così carini.

Sembra tutto in ordine, ma quello che mi impressiona sono le pareti interamente nascoste da foto e poster. Occorrerebbero ore per soffermarmi sugli istanti che mio figlio ha voluto immortalare e che sicuramente rappresentano momenti e persone importanti della sua vita.

Provo a concentrarmi su tutte le immagini che si susseguono vorticosamente. Ho un capogiro e sono costretta a sedermi sulla poltroncina della scrivania.

Comincio a pensare di non essere in grado di sostenere questa tensione, ma all'improvviso sento una forza interiore che mi incoraggia ad andare avanti. Nello stesso momento il mio sguardo è attratto da quattro foto di nonna Ada. Come ha fatto a procurarsele? Sono sulla parete proprio di fronte al suo letto. Avevo capito che si era consolidato nel tempo tra lui e la bisnonna un legame speciale, profondo, ma non immaginavo che Luca le avesse assegnato un ruolo così determinante, tale da riservarle il suo ultimo pensiero prima di addormentarsi.

Quanto sono belle le foto che ha scelto. Riconosco quella in cui festeggiavamo i suoi ottant'anni. Ecco dove era andata a finire!

35

Sono distratta da un movimento di Luca. Deve aver avvertito qualche rumore. Scorgo sul comodino una scatola dei miei ansiolitici. Non mi ero accorta che me ne mancasse una. Evidentemente ha sentito il bisogno di un aiuto per affrontare la lunga notte dell'attesa. Provo un senso di tenerezza verso mio figlio così forte da stringermi il cuore.

Mi avvicino a lui e mi siedo sul bordo del letto. Improvvisamente mi sento tranquilla, come succede nella vita quando sta per verificarsi un evento tanto atteso, pur se temibile. Gli accarezzo i capelli mentre sonnecchia e mi volgo alla stanza con curiosità crescente.

Non poteva mancare la foto del suo adorato Darko, un cane che trovò abbandonato in un angolo di strada. Aveva quindici anni quando tornò a casa una sera con un bastardino nero, affamato e tremante, e vederlo così premuroso con quel cucciolo mi emozionò. All'epoca non sapevo ancora quanto l'amore per gli animali avrebbe influenzato le sue scelte.

Purtroppo Darko contrasse una malattia parodontale che gli danneggiò i reni. Morì due anni dopo. Non bastarono a salvarlo né le nostre cure né quelle del più bravo veterinario del paese. Luca pensò che il dolore provato nell'assistere impotente alla morte del suo cane potesse essere alleviato dal sostituirlo con un altro che aveva lo stesso bisogno di aiuto. Il caso volle che qualche tempo dopo si imbattesse nel parco vicino in un cane randagio. Lo adottò; purtroppo quel cane tutto spelacchiato non visse più di un anno con noi. Così Luca si prese cura di un altro cane ancora, questa volta trovato non per la strada ma nelle gabbie del canile comunale.

Da quella straordinaria dedizione mio figlio traeva anche un giovamento personale. Gli faceva bene circondarsi di esseri che animavano la nostra casa silenziosa. E trovava in me un'alleata, che lo supportava nelle incombenze, lasciandogli il tempo necessario per applicarsi allo studio.

Riservare un po' del mio tempo a un cane mi riempiva di gioia. Era un desiderio che avevo dovuto reprimere per anni dopo aver avvertito, grazie a Oliver, l'indimenticabile labrador di Cristina, l'intensità delle emozioni che un animale è in grado di trasmettere. Non me l'ero sentita di adottarne uno per non gravare su nonna Ada, ormai anziana. Conoscendola, si sarebbe accollata tutti gli impegni che ne sarebbero derivati. Insomma, all'epoca sarebbe stato davvero complicato. Mi convinsi che avrei dovuto aspettare il momento giusto e fui felice che fosse arrivato grazie a Luca.

Ogni volta che moriva un nostro cane, eravamo pervasi da una tristezza infinita e ci consolavamo a vicenda. Poi andavamo a seppellirlo su una collina distante una decina di chilometri da casa che avevamo scoperto durante un giro in macchina con Darko al seguito (era ormai un anno che lo avevamo adottato); ricordo che quel giorno Luca aveva voluto fermarsi su un pianoro da cui si scorgeva il nostro paese in lontananza. A un tratto, dopo un lungo silenzio, mi disse che era affascinato dal senso di pace che si respirava in quel posto. Non c'erano alberi. Solo una distesa di erba punteggiata da fiori di campo mossi da un vento carezzevole. Calpestammo con cautela, per non rovinarlo, quel tappeto morbido e setoso. Un prato avrebbe potuto essere così uniforme nel colore e nell'altezza dei fili d'erba solo se fosse stato tosato di recente da un esperto giardiniere. Riflettemmo su quanto la natura possa essere perfetta senza l'ausilio delle mani dell'uomo, e su come queste vengano troppo spesso utilizzate per distruggerla.

Luca mi chiese di percorrere a piedi un sentiero, voleva allontanarsi dalla strada. Lo assecondai, pensando che fosse solo curioso di vedere dove conducesse. Invece aveva in mente altro.

A un certo punto si fermò e mi indicò il luogo che considerò ideale per custodire i resti dei suoi amici animali. Li avrebbe voluti sotterrare proprio lì quando fossero morti. L'ultimo cane lo abbiamo seppellito in quel piccolo cimitero segreto una decina di giorni fa. Mi chiedo come mai Luca non si sia ancora convinto a prenderne un altro. Forse non vuole lasciarmi il carico di provvedere da sola alla sua cura.

Mio figlio non ha affisso le foto di tutti i cani che hanno allietato la nostra casa. Evidentemente ha ritenuto Darko meritevole del suo speciale ricordo perché per primo gli toccò il cuore, favorendo quella che si sarebbe rivelata come una vocazione.

Sarà un eccellente veterinario e sono felice che potrà svolgere tra pochi giorni l'unica professione che lo appassiona. Non potrei augurargli niente di meglio, perché è anche così che si guadagnerà, oltre che da vivere, un pizzico di felicità.

Ecco che sta per svegliarsi.

Una foto a colori accesi attira la mia attenzione. È l'immagine di una fiammante Ducati. È proprio lo stesso modello. Dio mio, non è possibile! Troppe coincidenze, troppi misteri.

Strano, è ripiombato in un sonno profondo. Mi illudo che sia stato l'effetto delle mie carezze e non degli ansiolitici. Aspetto ancora. Preferisco non svegliarlo. Interrompere bruscamente il suo sonno potrebbe metterlo di malumore ed è l'ultima cosa che voglio.

Me lo godrò ancora un po' così, mentre dorme.

Ormai sono anni che non mi faccio impressionare più dalla sua incredibile somiglianza con Matteo. Da piccolo sembrava la sua miniatura. In qualche momento di particolare fragilità sono arrivata a pensare che Luca *impersonasse* il padre.

Era la mia difesa contro il dolore insostenibile dovuto alla sua assenza.

36

L'improvviso squillo del cellulare di Luca mi spaventa a morte. Sobbalzo come al suono di una sirena che preannuncia un pericolo. Ma è solo una questione di attimi.

Quel trillo acutizzato dal silenzio mi riproietta nella realtà.

Al quarto squillo, Luca risponde con la voce impastata e gli occhi ancora chiusi. Probabilmente è stordito dal sonno che si è procurato con le mie pillole.

«Ciao Anna. Grazie, tesoro. Hai anticipato mia madre, è qui seduta sul letto. Aspettava che mi svegliassi. Tranquilla, è tutto a posto. No, non abbiamo ancora parlato. Sono calmo, o almeno mi sforzo di esserlo. Sì, sì, ho dormito alla grande. Dai, più tardi ti racconto. Ti voglio bene. A presto.»

Finalmente posso abbracciare forte mio figlio e, proprio come mi accadeva quando stringevo suo padre, si allenta all'improvviso tutta la tensione accumulata negli ultimi giorni di attesa.

«Buon compleanno Luca! Mi sembra così strano essere oggi qui nella tua camera, dopo tanti anni. È come se mi facessi dono di una parte di te. Sapessi quanto mi rendi felice. Ma così si invertono i ruoli. Sono io a doverti fare un grande regalo il giorno della tua festa. Per ora accontentati della colazione. Vado a prenderla. Prima però potresti dirmi chi è questa Anna...»

«Cara mamma, quella che deve parlare oggi sei tu, non io! Ti concedo solo pochi minuti per portarmi la colazione. Poi nessuna pietà!»

La sua adorabile ironia mi viene in soccorso. Riprendo respiro.

37

Caffè, yogurt greco, due fette di torta caprese e succo d'arancia. Torno da lui con un sorriso compiaciuto. Si fa trovare già pronto con le spalle appoggiate alla testiera.

Gli sistemo sulle gambe un bellissimo vassoio con i supporti e mi siedo di nuovo sul letto con aria soddisfatta.

Luca mi dà una carezza, mi sorride, ma ha gli occhi lucidi. Deve avergli fatto tenerezza vedermi così premurosa ed elettrizzata.

L'osservo mangiare la sua torta preferita. Ha i lunghi capelli in disordine, i lineamenti dolci, lo sguardo innocente. È ancora il mio bambino.

Temo che, nonostante i sospetti, non riesca a immaginare quanto atroce possa essere la verità. Sono tentata di accarezzarlo e chiedergli di rinunciare. Vorrei metterlo in guardia sul pericolo che la sua serenità futura venga compromessa.

«Ti sei superata, mamma! Questa caprese è eccezionale, una delle migliori che abbia mai mangiato. Ma non voglio vederti così triste. Sono sicuro che parlare ti libererà di un peso. E poi non credo proprio che quello che stai per dirmi mi stravolgerà la vita. Dai, raccontami!»

«Perché ne sei così sicuro, figlio mio? Pensi che, se non fosse accaduto qualcosa di molto grave, ti avrei chiesto di aspettare tutto questo tempo per sapere cosa è veramente successo a tua nonna? A lungo ho creduto che nove anni fossero sufficienti per farti sopportare il peso di una verità brutale. Non lo credo più. Ho paura, Luca. Ho paura di contribuire a farti del male. Ho paura che le tue notti possano diventare come le mie. Ho paura...»

«Mamma, per favore! Basta con questa paura! Pensi che dopo tutto questo tempo ti possa consentire di continuare a tacere o, peggio, a mentire?»

«Avrò tanti difetti, avrò commesso tanti errori, ma sono una donna di parola. Mai verrei meno a un giuramento fatto a mio figlio. Vorrei però che capissi le ragioni del mio tentennamento. Che capissi le ragioni di una madre che teme di sbagliare. Che vuole agire, o non agire, solo per il bene di suo figlio.»

«Non sprecare energie, mamma. Ti prometto che cercherò di accettare la verità senza farmi sopraffare.»

«Nonna Ada mi fece una domanda quando fu lei a rivelarmela. Sapeva bene che io, proprio come te, pretendevo di conoscerla. L'avevo messa alle strette, come hai fatto tu con me. Mi chiese se ero davvero pronta ad ascoltare. Non ci pensai due volte e risposi di sì. Quasi in tono di sfida. Non volevo che fosse lei a ripensarci, proprio come stavo facendo io poco fa. È impressionante che la storia si ripeta in tutti i suoi passaggi.»

«Credi che questo tergiversare ti aiuti? Stai solo prendendo tempo. Non è meglio cavarsi subito il dente?»

«Ma sì, hai ragione. Mi sento un po' vigliacca. La verità mi ha sempre perseguitata, Luca. Ho provato quanto sia difficile scoprirla e in questo momento mi accorgo che non è meno difficile svelarla.»

«Ora non esagerare, mamma. Mi immedesimo nel tuo stato d'animo e mi dispiace tanto per te. Vediamo se riesco a facilitarti il compito. Sono sicuro che ai nonni sia successo qualcosa di tragico. Insomma, non sono morti in un incidente d'auto... Vero?»

«Prima di risponderti, voglio chiederti una cosa. Mi incuriosisce sapere cosa tu abbia potuto immaginare in questi anni. Quale tragedia avresti considerato intollerabile?»

Corruga la fronte, resta qualche secondo in silenzio, pensieroso. «Ho cercato di immaginare il peggio. Magari un incidente in mare, i loro corpi mai recuperati. L'ho pensato perché non mi hai mai portato al cimitero a pregare sulle loro tombe. E non potevo chiederti il motivo. Fino ai sedici anni per non turbarti, poi per rispettare il nostro patto bizzarro. Ma ho pensato anche che fossero stati uccisi in una rapina o qualcosa del genere.»

«Fosse accaduto questo, figlio mio...»

«Se dici così, vuol dire che è successo qualcosa di ancora più grave. Basta mamma! Non giochiamo agli indovinelli. Comincio a innervosirmi.»

Non mi piace vederlo così agitato. Cosa farei per non trovarmi in questa situazione. Per essere con mio figlio in qualsiasi parte del mondo a festeggiare allegramente il suo compleanno. Dovevo architettare tutto ciò proprio in un giorno speciale come questo? Mi prenderei a schiaffi. Ma forse accadrà di peggio. Ho una spiacevole sensazione. Questo maledetto sesto senso! Che mi lasci in pace almeno oggi.

Temo qualche reazione inconsulta di Luca, e non so perché. Ha ragione lui. Caviamocelo subito questo dente!

38

«Tua nonna Livia e Luigi Valente non sono morti insieme.»

«Perché non dici più semplicemente *i tuoi nonni*?»

«Perché quell'uomo non lo considero mio padre. È stato un mostro a generarmi.»

Balza dal letto. Si mette seduto. Lo vedo sbiancare. Passa la mano destra nervosamente sui capelli.

«Già provi vergogna, vero? Da quando ho saputo cosa quell'uomo ha fatto a mia madre, alla rabbia si è aggiunta la vergogna di avere nelle vene lo stesso sangue di uno spietato assassino.»

Ha il respiro affannoso. Provo un senso di tenerezza verso mio figlio, così intensa da sentire un nodo alla gola. La sua espressione è smarrita, incredula, spaventata. A nulla servono le raccomandazioni di nonna Ada di smettere di odiarlo. In questo momento odio profondamente quell'uomo, come non mai. Ha ucciso mia madre, ha distrutto me e ora destabilizza mio figlio. Che bruci all'inferno, maledetto!

Luca riesce a balbettare: «Assassino...?»

«Ti avevo detto che ero rimasta orfana a cinque anni. È vero. Avevo quell'età quando mamma fu uccisa da *lui*. Accadde la notte del 20 dicembre 1965.»

«Non riesco... non riesco a crederci...»

«Quando *lui* capì che la stava perdendo, non esitò a farla fuori brutalmente.»

«E tu dov'eri?»

«Stavo dormendo nella mia camera. Mi hanno svegliata le loro grida. E ho visto tutto. Quando ho ricordato, attimo per attimo, le scene orribili di quella notte, mi sono sentita colpevole per aver pensato solo a salvare me dalla furia omicida di quel criminale, infilandomi sotto il letto. Forse se avessi urlato, se mi fossi intromessa, avrei potuto fermarlo o attirare l'attenzione dei vicini prima che fosse troppo tardi.»

Sento i tremiti di mio figlio mentre mi abbraccia così forte da farmi male.

«Ma eri una bambina. Cosa potevi fare contro la forza bruta di un mostro!»

«Questa è la verità, Luca. L'hai voluta e te l'ho detta. Deve bastarti. Non ti rivelerò i dettagli dell'orrore a cui ho assistito.»

«Anche se tu volessi rendermi partecipe dei macabri particolari, non ce la farei ad ascoltarli, mamma. Ti confesso che è già tanto se riesco a reggere a questa rivelazione raccapricciante.

Che rabbia mi fa quell'uomo! Non solo e non tanto per quello che ha fatto a tua madre, ma per quello che ha fatto alla mia, quando era così piccola. Cosa poteva spaventarti a cinque anni? Un pupazzo dall'aria cattiva? Un cartone animato? Un animale? O una sgridata di tuo padre? E quel maledetto cosa fa? Massacra la tua mamma sotto i tuoi occhi? Ma ti rendi conto?»

«Non gridare così, Luca. È tutta colpa mia. Se avessi risposto in modo convincente alle tue curiosità, se ne fossi stata capace, ti avrei risparmiato questo trauma.»

«Non responsabilizzarti, ti prego. Ci vogliono pure i sensi di colpa, oltre tutto quello che hai passato. Ho atteso per ben nove anni questo momento. Era giusto che conoscessi la verità, a qualsiasi costo. Non si possono ignorare le proprie origini.

Dimmi piuttosto: che fine ha fatto il maledetto? Gli hanno almeno dato l'ergastolo?»

«Nonna Ada mi ha raccontato che è morto in un manicomio giudiziario, consumato dai rimorsi. Stava per scadere il termine dei dieci anni di pena per essere stato riconosciuto dai giudici incapace di intendere e volere. È morto il 20 dicembre, nove anni esatti dopo la notte in cui si arrogò il diritto di porre fine alla vita di mia madre e di segnare per sempre la nostra.»

«Ora che so cosa è successo a mia nonna, voglio sapere quello che è successo a te dopo il fattaccio. Come sei riuscita a sopravvivere? Come hai fatto a dimenticare quella maledetta notte? Io non so se ce l'avrei fatta.»

«E chi ti dice che l'abbia dimenticata, Luca? Ho provato a farlo. L'ho rimossa per ventitré anni. In quella bambina è scattato un meccanismo di autodifesa. Non era in grado di sopportare il ricordo di ciò che era accaduto in una sequenza di immagini talmente raccapriccianti da far invidia al più spaventoso film dell'orrore.

Aver cancellato le scene macabre di cui ero stata unica testimone non mi ha aiutata a vivere una vita normale. Mi sono aggrappata con tutta me stessa a nonna, il mio unico punto di riferimento. Mi ero rintanata in questa casa, non uscivo se non per andare a scuola e a fare la spesa, sempre sottobraccio a nonna. Avevo rinunciato a iscrivermi all'università per paura di vivere lontano da lei le mie notti di terrore. Ora puoi capire perché soffro da sempre di insonnia e perché ho bisogno di quelle pillole. Il buio è sempre stato mio nemico, anche dopo aver conosciuto la verità. Ho rivolto a nonna Ada accuse per i suoi silenzi sul mio passato. Sembra proprio un vizio di famiglia, vero?»

«Non lo definirei proprio un vizio. Lo dici per sdrammatizzare. Ma quand'è che hai conosciuto la verità? E come hai reagito? Questo voglio sapere!»

Mi fa intendere che ha bisogno di una pausa. È l'occasione buona per prendere respiro. Mi alzo dal letto.

«Sei pallida e affaticata, mamma. Perché non andiamo in salotto? Ci prepariamo un bel caffè e ci sediamo comodi sul nostro divano. Che ne pensi?»

Faccio come dice. Vado in cucina e preparo il caffè. Luca intanto è andato in bagno.

Mentre lo aspetto seduta sul divano, al solito posto, con le tazzine di caffè fumanti poggiate sul tavolino, mi sembra di rivivere il giorno in cui fui io ad ascoltare da nonna Ada la verità sul mio passato.

39

«Vuoi sapere come ho reagito alla rivelazione della verità più atroce che si possa immaginare? Malissimo, Luca. Le mie notti da allora sono diventate ancora più terrificanti. E non potevo chiedere aiuto a nonna per risparmiarle altri sensi di colpa, oltre a quelli con i quali già conviveva. Mi sembrò di ritrovare un po' di pace solo dopo aver sognato mia madre in un abito bianco macchiato del suo sangue. Quella visione non mi spaventò. Lei riuscì a rassicurarmi come avrebbe voluto fare la notte del suo martirio. Prima di rifugiarmi sotto il letto, rimasi per pochi secondi paralizzata a guardarla. Era stesa a terra con il viso rivolto alla mia camera. Era ancora viva. Non potrò mai dimenticare i suoi occhi che mi guardavano mentre stava morendo. Il suo sguardo non era disperato, sembrava rassegnato. Pareva chiedermi perdono. Nell'ultimo anelito di vita si era sentita colpevole di essersi innamorata di un uomo come Luigi Valente. Ebbe il tempo di capire che quell'errore avrebbe provocato alla sua creatura una sofferenza immane.»

Mio figlio si inginocchia davanti a me e mi stringe forte ancora una volta. E ancora una volta avverto il suo tremito. Sento la forza del suo amore come sentivo quello di suo padre quando mi abbracciava per la felicità.

«Come hai fatto, mamma! Come hai fatto a sopravvivere a tutto questo?

Sicuramente nonna Ada ti fece seguire da uno psicologo, vero? Solo un professionista avrebbe potuto aiutarti. Avrebbe dovuto trovare la strategia psicologica giusta per farti convivere con la dimenticanza. Sarebbe stato meglio per te non far riemergere i ricordi orribili che avevi cancellato. Ma questa è una mia opinione. Mi pare non sia andata così.»

«Nonna Ada. Lei mi ha salvata. Senza di lei non ce l'avrei fatta. Senza il suo smisurato amore e i suoi sacrifici non avrei potuto mai coltivare la mia passione. L'arte mi ha ridato la vita. Quando dipingo, riesco a estraniarmi dal mio dolore. È sempre stato così. Ma è solo da quando esisti tu che il mondo per me è colorato. Che tutto ha un senso, perfino quello che è accaduto. Avrei potuto soccombere, ma non è successo. Avrei potuto impazzire o diventare una tossicodipendente, ma non è accaduto. Devo ritenermi fortunata, o perlomeno non completamente sfortunata.»

«Non ho parole, mamma. Ecco perché mi hai sempre detto che anche le peggiori avversità possono essere superate, che si può uscirne rafforzati e si può dare un nuovo senso alla propria vita. Ma mai avrei creduto fino a questo punto. Deve esistere un Essere Superiore che ti ha aiutata. Non può spiegarsi diversamente.»

Si rialza per qualche secondo, toccandosi la schiena dolente. Poi si siede di nuovo al suo posto. Sembra che il tremore sia cessato e si sia un po' rasserenato.

«L'ho pensato anch'io che Qualcuno avesse deciso di aiutarmi, compensando la sofferenza che mi era stata inflitta. Ma ho anche cercato la forza dentro di me. Sono stata sempre alla ricerca di segnali che mi dessero speranza. Devi sapere, Luca, che ognuno di noi si difende come può dal dolore. Vedere quei segnali, semplicemente perché volevo vederli, mi dava un senso di sollievo necessario per proseguire il mio percorso di vita.»

«Ciò che sta avvenendo oggi sarà motivo di crescita per me. Lo sento. Cercherò di concentrarmi su quello che di positivo c'è da imparare da questa storia. Sai cosa pensavo? Sento un forte desiderio di aiutare coloro che si sono trovati a subire quello che hai patito tu. Con tutti questi femminicidi, immagino siano tanti i bambini che hanno vissuto la tua stessa orribile esperienza. Possiamo fare qualcosa, mamma. Costituiamo un'associazione. Si parla tanto delle donne uccise, della violenza degli uomini, delle ragioni di un fenomeno sempre più preoccupante. Ma non mi sembra che si riservi la stessa attenzione ai poveri figli superstiti. Ai bambini che crescono, come è accaduto a te, con il ricordo delle mamme inermi, con lo sguardo terrorizzato nell'attesa del colpo di grazia da parte del loro uomo trasformatosi in pochi minuti in un mostro. È necessario ascoltare le vittime di tanta violenza. Loro sono ancora vive e la loro vita deve avere ancora un senso.»

«La tua sensibilità mi commuove, ma non mi meraviglia. Avevo già pensato di fare qualcosa di utile, di mettere a disposizione di chi ne ha bisogno quello che ho imparato dalla mia esperienza, e indicare la direzione da prendere in un percorso di vita così difficile. Certo, potrebbe non essere la stessa per chiunque. Oltre ai vantaggi di un metodo esperienziale, è necessario il supporto di psicologi, psicoterapeuti. Proprio mentre immaginavo di intraprendere una missione benefica, mi è capitato di scoprire, navigando su Internet, che da poco è nata un'associazione con queste finalità. C'è chi ha pensato prima di noi di convogliare energie al sostegno morale e materiale di vittime innocenti di atti di violenza subiti di riflesso. Non ho fatto a tempo, prima di questo giorno così importante per noi, ad attivarmi per prendere contatto con chi rappresenta questa associazione. Lo farò nei prossimi giorni. Vuoi davvero essere al mio fianco, Luca? Non immagini quanto mi faresti felice.»

«Ma certo che ci sarò, mamma! Ora ti vedo finalmente un po' rilassata. È evidente che ti abbia giovato parlare della nostra tragedia familiare. Abbiamo esorcizzato insieme il male che hai guardato in faccia. Immagino che almeno con zia Cristina ti sia aperta, o no? Eravate amiche per la pelle e sicuramente lei ti ha dato un grande sostegno.»

«No, Luca. Non ho mai detto a Cristina del mio dramma. Non ne ho avuto il coraggio. Io e nonna avevamo deciso di tacere per evitare di essere additate come familiari di un assassino. Sai come corrono le voci in una cittadina come la nostra. Con Annalisa Brogi sì, con lei mi sarei aperta. Abitava a Siena e questo mi avrebbe invogliata a rivelarle la causa reale della mia sofferenza, senza subire alcun condizionamento esterno. Ma seppi della tragica fine di mia madre dopo anni che la morte si era portata via ingiustamente anche la mia maestra. Le uniche depositarie della verità siamo state io, nonna Ada e tuo padre.»

«Cosa? Mio padre, sapeva? Non mi avevi detto che la vostra è stata una relazione di breve durata? Che quel tale Enrico si è dileguato per sfuggire alle sue responsabilità?»

Mi fa queste domande a raffica, gridando. Ma come ho potuto nominare il padre! Nella foga del racconto, mi sono lasciata sfuggire un particolare che potrebbe dare una svolta preoccupante a questo dialogo. Raccolgo le idee e provo a non dire altre sciocchezze.

«Perché gridi, Luca? Sì, è pur sempre tuo padre. Lo sapevi no?»

«Non fare la furba. Non accetto che nel mio sangue ci sia quello di uno stronzo come lui!»

«Non esagerare!»

«E lo difendi anche? Sapeva del trauma che avevi vissuto, della tua immane fatica a conviverci, ti mette incinta e sparisce? Ti ha lasciata in quelle condizioni a crescere un bambino, sapendo che potevi contare solo sull'aiuto di una povera vecchia. Ora capisco perché non hai voluto più un uomo al tuo fianco. Avrai pensato che tutti fossero degli stronzi come lui. Ma lo troverò, ti giuro. Fosse l'ultima cosa che faccio. Ti renderò giustizia. Almeno con lui posso farlo, visto che è vivo... per ora!»

Non mi aspettavo che accadesse questo. Non lo avevo calcolato. Le menzogne prima o poi ti inchiodano. Così ora mi sento, inchiodata al muro. Non so cosa rispondere, cosa dire per calmare la sua rabbia. Questa bugia non la perdonerà. Ho rovinato tutto. Mi sembrava che pian piano si fosse tranquillizzato.

E ora? Mi sento disorientata, impaurita. So che non c'è nulla che possa fare per sfuggire a questa situazione. È necessario che l'affronti subito, senza esitare. Proprio come deve farsi quando ci si lancia col paracadute. Meglio non soffermarsi neanche un attimo a guardare il vuoto sotto di sé. Se occorrerà, troverò un mezzo di salvataggio che mi faccia toccare terra senza farmi troppo male dopo il salto nel buio. Tiro un bel respiro e mi getto a capofitto in questo volo.

«Tuo padre è morto, Luca.»

40

«Morto? Come fai a saperlo se mi hai detto che non sai dove vive? Non dire cazzate, mamma. Me ne hai già dette troppe. Quel vigliacco non è morto. Lo dici solo per evitare che gli vada a spaccare la faccia.»

«Ma la vuoi finire, Luca... Che modo di parlare! È questo che ti ho insegnato?»

«No, mi hai insegnato qualcosa di peggio. Vivere nella menzogna. Dici di volermi bene, che sono tutto per te. E mi fai questo? Pensi che io lo meriti? Che non abbia il diritto di andare a cercare l'uomo col quale mi hai generato e dirgli quello che penso di lui? Dimmi anche questa verità finalmente! Dove si trova quel maledetto?»

«Non ti permettere di chiamare più in quel modo tuo padre. Non farlo mai più!»

«Non lo farò se mi dirai la verità. Ora sono davvero incazzato!»

Non ho tempo di pensare quale sia la decisione giusta. Mi osserva severo, quasi a sfidarmi. Questo incidente di percorso potrebbe causare una crepa irreparabile nel nostro rapporto. Non posso consentirlo. Non posso far altro che dirgli la verità.

«Spero che riuscirai a perdonarmi, Luca. Ti dirò tutto, e non solo perché me lo chiedi. Non riesco ad ascoltare le tue parole di odio e di disprezzo verso tuo padre. La tua rabbia mi ha convinta che non posso più tacere. Era destino che ti parlassi di lui, l'uomo meraviglioso che, insieme a me, ti ha donato la vita. E che ha abbandonato troppo presto questa terra.»

«Ma allora non è Enrico mio padre. Chi è? Anzi, chi era? Voglio saperlo.»

«E io voglio prima che tu comprenda i motivi che mi hanno indotta a mentirti. Voglio che tu mi capisca. Fin da piccola sono stata perseguitata dalla morte. L'ho tenuta lontana da te. Ho voluto che crescessi senza il rimpianto di un padre strappato alla vita.

La sorte ha voluto che la nostra famiglia avesse dei vuoti abissali. Non sapevo cosa fare per farteli avvertire di meno. Pensai di dover rendere gioiosa l'atmosfera nella nostra casa. L'assenza di un padre l'avresti sentita di più se avessi saputo che era morto così giovane. L'avresti considerata un'ingiustizia. Ti avrebbe rattristato sapere che non avevi avuto la fortuna di conoscerlo. Questo ho pensato. Perciò ti ho solo accennato all'uomo col quale avevo avuto la breve relazione da cui eri nato tu. Non te ne ho parlato male, ma neanche bene. Ho raccontato che la storia era finita perché le nostre strade avevano preso direzioni opposte. Non avremmo mai potuto avere progetti comuni. Lui se ne era andato a vivere all'estero le sue esperienze lavorative e io avevo deciso di tenerti. Quelle scarne informazioni non hanno sollecitato una tua particolare curiosità. Era quello che volevo. Pensavo che, agendo in tal modo, ti avrei reso meno pesante l'assenza di un padre. Tutto è stato fatto per il tuo bene. Lo ripeterò fino alla noia. Ma evidentemente ho preso la decisione sbagliata. Le vicende dolorose che ho dovuto subire fin da piccola hanno influenzato le mie scelte. Dovrebbe essere comprensibile. Ma ai genitori non si perdona niente. Non si accetta che possano commettere errori. Devono dare l'esempio. Ma quale esempio di linearità e di coerenza potevo dare io, con quei presupposti? Spero che tu riesca a perdonarmi perché non puoi credere che ti abbia mentito in malafede o per procurarti dolore. Non giudicarmi male, Luca. Ti prego.»

Non riesco a trattenere le lacrime. Sento la sofferenza scavarmi il volto.

Per la terza volta mio figlio mi abbraccia e questa stretta mi trasmette una sensazione di sollievo estrema.

Restiamo in silenzio, avvinghiati.

«Tranquilla, mamma. Non ti giudicherò. È terribile ciò che ti è successo. Ma quella tragedia non ti ha attribuito il diritto di mentire sulle mie origini. Quindi ti comprendo, ma non ti giustifico. Non credere che sia stato facile per me avere una famiglia monca. Vivere angustiato dai dubbi e rammaricato nel vederti sempre così sola e affannata. Considerarmi diverso dai miei coetanei che avevano un padre di cui sentirsi orgogliosi. Con il quale andavano a vedere le partite di calcio o a fare viaggi. Con il quale, semplicemente, parlavano. Un padre che li faceva sentire protetti e più forti. Ero arrabbiato col mondo intero e anche con te. Sono stato ingiusto. In questo momento riesco a leggere nei tuoi occhi molto più di quello che ho visto finora. Tanta sofferenza e tanto amore. Sai cosa sto provando? Un grande senso di colpa per essermi andato a inventare un modo di difendermi a dir poco assurdo. Tutto quello che riguardava la mia... sfera privata... ecco, io lo vivevo fuori da questa casa per infliggerti un castigo. Che idiota! Tu invece proprio in questa casa ti sei chiusa, dedicando la tua vita a me. Non vivendo che per me. Ora mi è tutto chiaro. Anziché aiutarti, ti ho punita. Come hai potuto accettare di non sapere cosa succedeva nella vita intima di tuo figlio per tanti anni? Come vedi, anch'io ho sbagliato. Ognuno di noi commette errori. L'importante è riconoscerli e pentirsene. Io lo sto facendo ora, ma non posso porre rimedio, ormai. Tu, però, sì. È giusto che io sappia chi era mio padre. Penso che anche lui avrebbe voluto che il figlio non lo ignorasse. Non credi, mamma?»

«Hai ragione, Luca. Tanti anni fa presi una decisione senza riflettere su cosa fosse veramente giusto per te e per lui. Forse la sola decisione presa senza accettare consigli da nonna. Avevo visto la sua espressione perplessa di fronte alla mia determinazione e avevo preferito non ascoltarla. Sapere che sto per parlarti di lui mi emoziona. Mi commuove. Non avrei mai immaginato che potesse accadere. Ma la vita è bella anche per le sorprese che ti riserva. Per i colpi di scena, come questo. Sai che non sono un'abile narratrice, come nonna Ada. Lascerò parlare il mio cuore e i ricordi incancellabili.»

41

Ho incontrato tuo padre una sera di oltre ventisei anni fa. Era il 17 giugno 1989. Ti ricordi il Moonlight Jazz Club? Il bel locale notturno che ha chiuso una decina di anni fa, quando il proprietario, Leonardo Pecci, ormai anziano, se ne è tornato al suo paese d'origine in Sicilia? All'epoca io e zia Cristina avevamo deciso di darci alla pazza gioia. Il padre mi aveva appena offerto la grande opportunità che diede inizio alla mia carriera artistica. Grazie a lui, avevo cominciato a vendere i miei quadri. Le cose, quindi, giravano nel verso giusto. Finalmente avevo una mia indipendenza economica e potevo permettermi di spendere un po' di soldi senza dover più gravare su nonna. Così io e la mia amica decidemmo di andare all'inaugurazione di quel jazz club. Il suo ambiente vivace e ben frequentato era il luogo ideale per cominciare a fare vita mondana.»

«Tu che fai vita mondana? Non riesco proprio a immaginarlo, mamma. Ti ho sempre vista rintanata in questa casa a occuparti di me e delle tue tele. Credevo non avessi mai frequentato locali notturni. Non me lo avevi mai raccontato.»

«Sappi che quel locale mi sembrò il luogo più incantevole del mondo.»

«Comincio a immaginarne il motivo. Continua.»

«Me lo trovai seduto di fronte all'improvviso e fummo folgorati all'istante da qualcosa di inspiegabile, che in poco tempo scoprimmo essere un amore straordinario. Ero prevenuta nei confronti degli uomini. Ora puoi comprenderne il motivo. Non avevo mai avuto, anzi voluto, una storia. Mi ero convinta che avrei conservato il mio stato di single per tutta la vita. In realtà capii quella sera che stavo solo aspettando lui, perché quando l'amore, quello vero, arriva, te ne accorgi subito e non c'è nulla che possa fermarlo. Ci perdemmo di vista per tre mesi, ma anche lui non riusciva a dimenticarmi, sebbene ci fossimo guardati per pochi minuti. Così chiese al proprietario del club notizie sul mio conto. E sai cosa fece? Si presentò all'inaugurazione della mia prima mostra personale alla galleria Mancini. Pensa che lo riconobbi di spalle. E da quel giorno fummo inseparabili col cuore e con la mente, finché ci fu consentito.»

Luca mi sta ascoltando con l'attenzione di chi si fa coinvolgere dal racconto di una storia d'amore avvincente. Ha uno sguardo dolcemente assorto, quasi incantato, la bocca socchiusa.

Per qualche minuto resta in silenzio. Sembra immerso completamente nella narrazione. Resto in attesa delle sue domande, che non si fanno attendere. È legittimo che voglia soddisfare le sue prime curiosità sul padre.

«Il vostro incontro sembra fiabesco. Il principe azzurro che sveglia la sua principessa dal torpore sentimentale. Quindi mio padre non era uno stronzo…»

«Ma certo che no! Era un uomo dolce, romantico. Ed era anche molto bello. Hai ragione a usare quell'aggettivo, *fiabesco*. Ero convinta davvero che lui fosse il mio principe azzurro. Mi ha svegliata da un intorpidimento, un appiattimento emotivo. Non potevi trovare un'espressione più efficace. Bravo! Era un uomo buono, generoso, con mille qualità. Era altruista, metteva sempre in secondo piano le sue necessità. Non sono mai riuscita a trovargli un difetto. Era una persona emotivamente vulnerabile. Aveva le sue debolezze, questo sì, ma capirai perché. Anche lui è stato perseguitato dalla sfortuna. Avrebbe dovuto nascere in un'altra famiglia. Non avrebbe dovuto assistere da bambino una mamma alcolizzata perché incapace di gestire quello che le competeva come moglie e come genitore. Tuo nonno Mario era un accentratore, con una personalità dominante. Un uomo ambizioso. Figlio di contadini, era riuscito a laurearsi in medicina con enormi sacrifici, diventando il medico condotto di un paese distante cento chilometri da qui. Per convenienza, sposò una giovane donna appartenente a una famiglia nobile e ricca. Più che da quella dolce, bella e anche sprovveduta fanciulla, fu attratto dalla sua posizione sociale. Divideva il suo tempo tra le visite ai pazienti e gli incontri clandestini con le sue amanti. Lasciava la moglie fragile sempre sola ad affrontare impegni familiari che non era in grado di sostenere. Narcisista ed egocentrico, pensava solo a se stesso, senza preoccuparsi dei danni psicologici irreversibili che le sue mancanze avrebbero causato a nonna Anna e ai bambini. La durezza di tuo nonno, la sua severità e la volontà di ricavare profitto da ogni scelta hanno condizionato la vita di tuo padre. Gli anni della sua infanzia e adolescenza erano andati perduti.»

Mi alzo per prendere un bicchiere d'acqua per me e una lattina di Coca-cola per lui. La tensione e la lunga narrazione mi hanno prosciugato la saliva. Mentre bevo, lo guardo: è pensieroso e pallido. Non deve essere facile per lui scoprire una verità dopo l'altra.

Conoscere la storia del padre può forse non essere traumatico come sapere che la nonna fu assassinata brutalmente dal marito, ma ha pur sempre un forte impatto emotivo.

Luca beve la sua coca tutta d'un fiato. «Riprendi, mamma» mi dice.

Capisco la sua impazienza, e non posso che assecondarlo, disponendomi a riprendere il racconto.

«Tuo padre era solo un ragazzino quando, tornando da scuola, anziché trovare la mamma sorridente ai fornelli, la scopriva stravaccata sul letto con una bottiglia di liquore in mano. Arrivò a vergognarsi di colpe non sue. La sorella, Giovanna, assomigliava troppo a Mario perché tuo padre potesse andare d'accordo con lei. Non gli restava che l'amore per gli animali. Aveva dovuto pregare il padre di comprargli un cane e, per guadagnarsi quel regalo, aveva preso il massimo dei voti in fisica, la materia che non sopportava. Da allora non c'è stato un momento della sua vita in cui non abbia avuto un cane. L'ultimo fu un labrador, con il pelo dorato identico a quello di Oliver, il bellissimo cane di zia Cristina, con il quale la ritrassi nel quadro appeso nella mia camera. Eri così piccolo quando giocavi con lui, non puoi ricordarlo. Ma quante volte te ne ho parlato. Puoi immaginare, tesoro, che emozione ho provato quando hai portato a casa Darko. Era un dono che il tuo papà ti aveva lasciato. Così mi piaceva immaginarlo. Aveva capito prima di te quanto si può ricevere da un animale, quale ricchezza può rappresentare per chi lo adotta. Lui sapeva amare il suo cane generosamente, non per esigenze egoistiche, di difesa o di compagnia. Lo aveva chiamato Ettore. A quella creatura, che aveva saputo salvarlo dalla solitudine, dalla tristezza e forse anche dalla depressione, lui dimostrava gratitudine dedicandogli molto del suo poco tempo libero e riservandogli tante attenzioni. Sai bene che anche il peggior padrone non verrebbe mai abbandonato dal suo cane. Su quello che accade a ruoli invertiti è meglio stendere un velo pietoso.»

«Una giornata che non dimenticherò mai, questa. Di certo non perché compio gli anni. Prima scopro che cosa è successo veramente a mia nonna, poi vengo a sapere la verità su un padre che avevo cancellato dalla memoria. Ci vuole una grande forza interiore. Per fortuna ho ricevuto gli strumenti giusti.»

«Gli strumenti giusti? Cosa vuoi dire?»

«Tranquilla, non è il momento di spiegarti. Però devo dirti che mio nonno mi sta proprio sulle palle. Spero che papà sia scappato presto da lui, e anche dal resto della sua famiglia. Mi piacerebbe tanto che si fosse laureato in veterinaria. Strano. Mi viene naturale chiamarlo *papà*. Avverto un senso di familiarità con un uomo che non ho mai incontrato e di cui non conoscevo l'esistenza.»

«Tesoro, ti sei adeguato all'assenza di un padre per forza di cose, ma tu stesso, prima, hai confessato quanto ti sia pesata. E sapessi quanto mi dispiace non aver capito fino in fondo quanto soffrissi per i vuoti e le mancanze che avvertivi. Non sottovalutare il richiamo del sangue, Luca. Sono sicura che presto proverai affetto per lui. Perché non si può non voler bene a un padre così. E poi vedrai quante affinità tra di voi. L'amore per gli animali è la più bella delle passioni che vi accomunano. Ti sei augurato che lui avesse preso la tua stessa laurea. Ci sei andato vicino. Avrebbe voluto iscriversi al corso di laurea in veterinaria. Ecco perché sono stata ancor più felice di assecondarti nella tua decisione. Lo avrei fatto comunque, anche se non l'avessi condivisa. Sei tu l'artefice del tuo futuro. Ma devo dirti che, quando mi hai comunicato la tua scelta, ho avvertito un brivido di felicità. Era come se tuo padre vedesse realizzato il suo sogno grazie a te. Sì, perché quel sogno gli è stato negato. Per nonno Mario i vantaggi che contavano erano solo di tipo economico. Ha ripetuto mille volte al figlio, fino a sfiancarlo, che curare le bestie non portava soldi.»

«No, vabbè, questo è troppo! Avevo capito che quell'uomo fosse detestabile, ma non credevo fino a questo punto. Non voglio conoscerlo! Mio padre avrebbe dovuto scappare da lui e fare le sue scelte, non subire le sue costrizioni!»

È proprio arrabbiato. Nessuna clemenza per il nonno. Ma mi rincuora vederlo così comprensivo col padre. È dalla sua parte, lo appoggia.

Se Matteo ci sta ascoltando, sarà felice di entrare pian piano nel cuore di nostro figlio.

«Non preoccuparti, Luca. Non conoscerai tuo nonno e neanche tua nonna. Sono morti una quindicina di anni fa. A distanza di pochi mesi uno dall'altra. Se ne è andata prima lei e lui si è lasciato consumare. Non sopportava di essere rimasto solo. Come vedi, sono strani i casi della vita. Aveva trascurato la moglie per decenni e poi non era riuscito a vivere senza di lei. Forse anche quello era amore, o il prezzo che lui si era imposto di pagare per gli errori commessi. Una sorta di punizione che si era autoinflitto.»

«Ma chi se ne frega di lui!»

«Luca, smettila di essere così severo. Nonna Ada è ricorsa a tutte le sue forze per farmi vivere lontano dall'odio. E io forse avevo tutto il diritto di provarlo verso chi aveva distrutto le nostre vite. Quindi, modera i termini.»

«Va bene, va bene. Dovresti essere contenta, però. Il mio disgusto verso quell'uomo è dovuto all'affetto che comincio a provare per mio padre. Un affetto che mi stai trasmettendo tu.»

«Sì, certo che sono contenta. Sapessi quanto. Ma devo fare anche la mamma, no?»

«Eh già, fai bene. Potrei dimenticare il tuo ruolo...»

Finalmente una delle sue battute. La nostra risata alleggerisce magicamente l'atmosfera.

«Sei bello come lui, hai la stessa risata aperta, coinvolgente. È proprio vero che il sangue non mente. Nel corso degli anni venivo pervasa da emozioni indescrivibili ogni volta che scoprivo i vostri identici atteggiamenti, le vostre stesse passioni, gli stessi interessi. Nonna Ada era morta, zia Cristina era a Londra ed era difficile, a distanza, condividere con lei sensazioni tanto forti. Così ho dovuto custodirle dentro di me. Non credevo che avrei potuto mai renderti partecipe di circostanze a dir poco sorprendenti.

Forse ho voluto riconoscere in tante strane coincidenze segnali occulti, che non riuscivo a spiegare con la razionalità. Magari esageravo nel voler vedere a tutti i costi qualcosa di misterioso in ciò che accadeva, nel pensare che non avvenisse per caso. È stato anche questo un modo per reagire alla dolorosa mancanza di tuo padre.

Sono felice che, d'ora in avanti, possa condividere con te la nostra storia. Sarà più sopportabile la sua assenza.»

«Eravamo rimasti alla sua laurea. Non mi dire che seguì le orme del padre, facendo anche lui il medico?»

«Mi dispiace doverti deludere. È andata proprio così. Tuo padre si è laureato senza alcun entusiasmo e ha intrapreso apaticamente lo stesso percorso del padre, ottenendo l'incarico di medico condotto di questo Comune. Non avendo realizzato il sogno di diventare veterinario, avrebbe potuto esprimersi con successo in qualsiasi settore con le sue capacità.

Il suo vero problema non aveva nulla a che fare con la professione, in cui ha sempre dato il meglio di sé. Il suo vero problema era legato alle ripercussioni che la difficile infanzia aveva avuto sul suo temperamento. Era stato influenzato dalla debolezza di carattere della madre. Lui aveva una forte personalità nella vita professionale, ma nei rapporti sentimentali era una frana. Per scappare dalla sua famiglia, si era legato a una donna che aveva conosciuto una domenica al mare. Si chiamava Rita. Pensò che sposarla avrebbe giustificato il suo allontanamento da casa. Gli era sembrata una donna perbene, dolce, innamorata. Una donna colta. Aveva conseguito brillantemente la laurea in Economia e Commercio. Nulla faceva presagire che il matrimonio si sarebbe rivelato fin da subito un disastro. Lei manifestò la sua natura calcolatrice. Era anaffettiva. Costrinse tuo padre ad aprire uno studio odontoiatrico solo perché così avrebbe guadagnato di più. Lei faceva la vita da gran signora e lui si ammazzava di lavoro. Hanno avuto un figlio, Mario, tuo fratello. Quando sono entrati in crisi, lei ha cominciato a fargli il lavaggio del cervello, aizzandolo contro il padre. Prima che lui decidesse di separarsi, Rita, che non aveva ancora interesse a perdere il suo status sociale, gli ha teso un tranello. Ha finto di voler recuperare il rapporto, e dopo una cena a lume di candela che aveva scaltramente organizzato, ha trascorso con lui una notte di passione, come non capitava da molto tempo.»

«Mamma, non dirmi che è vero quello che penso!»

«Figlio mio, temo proprio che tu abbia capito cosa è successo quella notte. Tuo padre la chiamava la notte dell'inganno. Era stato tutto combinato. Rita aveva pensato di tenere il marito incatenato a lei con una seconda gravidanza. E così è stato. Anche se per pochi anni. Quando vide il corpicino della piccola, tuo padre sperò che grazie a lei la famiglia fosse salva. Nacque con la figlia un legame viscerale che lui non riusciva a spiegarsi, perché non aveva provato nulla di simile con Mario. Ma neanche quel legame fu in grado di mantenere in piedi una famiglia disgregata. Fu per tuo padre una grande disillusione.

Dopo qualche anno, Rita non sopportò più l'indifferenza e il disprezzo silenzioso del marito. Era diventato per lei una presenza fastidiosa. Con una strategia diabolica, mise tuo padre con le spalle al muro. Vivevano ormai da anni come separati in casa. Lei faceva la sua vita e lui si dedicava solo al lavoro e alla figlia. Una sera, e fu l'unica volta, ebbe una scappatella con una giovane che lo aveva sedotto. Con i soldi che il marito le passava, Rita aveva incaricato un investigatore privato di seguirlo e coglierlo sul fatto.

Tuo padre, per evitare di provocare traumi ai figli, dovette ubbidire all'imposizione della moglie di andare subito via da casa. Ti risparmio i dettagli di una separazione predestinata fin dalla celebrazione del matrimonio. L'avidità e la cattiveria di Rita. L'ostilità di Mario. La sofferenza della bambina, sradicata dalle braccia del papà.»

«Quindi ho anche una sorella. Che tenerezza mi fa pensarlo. Deve essere molto più grande di me. L'hanno sicuramente chiamata Anna come la nonna, vero? Chissà come sarà stata infelice la sua infanzia con una mamma ignobile e un padre lontano da casa.»

«Sì, hai indovinato. Tua sorella si chiama Anna. Rita era contraria, perché lo considerava un nome troppo comune, ma tuo padre non volle sentir ragione. Il suo amore per i genitori era grande, nonostante i danni che gli avevano causato. Sono sicura, Luca, che ascoltando la storia di tuo padre, ti renderai conto di quanto sia fondamentale la scelta della persona con la quale condividere la propria vita. Sappi, figlio mio, che occorre conoscenza e tempo per capire se l'amore è così forte da poter resistere alle intemperie della quotidianità. Io non avrei accettato compromessi in un rapporto coniugale giunto al capolinea. Ma è quello che penso senza aver mai vissuto una tale situazione. Tu hai preso da me, anche perché hai vissuto solo con me. Sono forte e determinata. Mi hanno insegnato a esserlo gli eventi drammatici che hanno segnato la mia vita. Sarei stata quindi capace di prendere decisioni coraggiose, come quella di chiedere la separazione da mio marito, se l'amore fosse finito. Lo avrei fatto assumendomi tutte le responsabilità e pagando il prezzo che quella scelta avrebbe comportato. Anche tuo padre ha avuto un'infanzia difficile, ma questo non lo ha fortificato, non gli ha insegnato a essere autosufficiente e risoluto. È stato influenzato dalla fragilità della madre, una donna buona, ma debole. Come vedi, i traumi dell'infanzia possono influire in modo anche completamente opposto sull'indole di coloro che li hanno subiti.

Sai cosa penso, Luca? Questo giorno segnerà per tanti motivi una svolta nella nostra vita. Il nostro rapporto ripartirà da zero. E non solo perché non sarà più incrinato da omissioni o menzogne. Non abbiamo fatto mai discorsi come quelli di oggi. Abbiamo chiacchierato tanto io e te, ma sempre in modo superficiale. Ci preoccupavamo dei tuoi cani, ce ne prendevamo cura con lo stesso amore, mi raccontavi quello che avveniva a scuola. Mi rendevi partecipe del tuo percorso di studi universitari. Decidiamo cosa mangiare, scegliamo insieme i nostri abiti. Ciascuno di noi conosce a memoria i gusti dell'altro. Insomma, finora c'è stata tra di noi una condivisione di vita familiare e un rapporto di grande affetto, ma non confidenza, complicità e neanche intimità. Me ne sto accorgendo solo ora. Mi accorgo solo ora di quanto tu sia cresciuto, della tua capacità di fronteggiare situazioni difficili anche per un adulto con tanta esperienza. Hai detto di avere gli strumenti per riuscirci. Forse dovresti prestarmeli. A parte gli scherzi, il mio orgoglio di mamma è infinito. Spero di essere stata all'altezza di un figlio come te.»

«Anche io sono orgoglioso di te, mamma. Non è importante essere stati all'altezza, ma aver fatto di tutto per esserlo. E tu hai fatto il massimo che potevi in una situazione difficilmente gestibile da chiunque. Qualsiasi madre al tuo posto avrebbe soffocato il figlio con il suo affetto e la sua apprensione. Tu non lo hai fatto. So bene che hai dedicato a me tutta te stessa. Ma ora riesco finalmente a scrollarmi di dosso il peso della tua scelta di vivere in mia funzione. Ti assicuro che è difficile sopportare un tale carico. E sai perché riesco a sentirmi sollevato? Perché ho capito che la tua tristezza non dipende dall'essere stata costretta ad annullarti per me che ho solo te al mondo. È sempre dipesa dall'aver perso il tuo unico e insostituibile amore. In poche ore stiamo iniziando a recuperare quello che ci siamo persi negli ultimi nove anni, ma avremo tanto di quel tempo per continuare a farlo. Sto imparando molto da ciò che mi stai trasmettendo. Mi insegni che l'amore esiste e che si può sperare di incontrarlo. Mi insegni però anche quanto complessi possano essere i rapporti di coppia. Mi insegni il valore della comprensione e della clemenza. Soprattutto susciti in me un senso di ammirazione per la forza che hai avuto di sopravvivere a una tragedia familiare intollerabile e, come se non bastasse, al dolore immenso per la perdita dell'uomo che hai amato più della tua stessa vita.

Tu dici di essere orgogliosa di me perché ho raggiunto un grado di maturità raro in un venticinquenne. Anche io oggi ti rivelo una verità, diciamo un anticipo di verità. Non è merito mio, mamma, ma di una persona speciale che da un po' di anni mi guida in un percorso di crescita; che mi ha fatto prendere consapevolezza dei miei vuoti, delle mie insicurezze e mi ha preparato a questo appuntamento, che neanche immaginavo avrebbe segnato così profondamente la mia vita. Te ne parlerò appena avrai finito di raccontarmi la storia di mio padre e la sua fine.»

Mi ha chiesto un po' di tempo per rivelarmi l'identità di questa persona misteriosa. E come faccio a negarglielo, proprio io? Quanto mi incuriosisce sapere chi sia la donna o l'uomo che hanno aiutato mio figlio più di quanto abbia fatto io.

«Va bene, Luca. Rispetto la tua volontà. Anche perché l'attesa sarà breve. Non ho nessuna intenzione di esaurire in poche ore tutto quello che è giusto tu sappia di papà. Abbiamo tanto tempo per farlo, no? Ti confesso però che sono molto curiosa di conoscere questo tuo segreto.»

«Chi più di me può capirti.»

«C'è un non so che di ironico, o sbaglio? Beh, come darti torto.»

«Abbiamo un po' divagato, mamma. E ho perso il filo. Ah sì, eravamo arrivati alla separazione. Fai bene a non raccontarmi nei particolari cosa ha dovuto subire per anni mio padre. Quei due, Rita e Mario, mi hanno infastidito abbastanza. Sicuramente papà avrà voluto tenersi lontano dalle donne, avendone conosciuta una delle peggiori. Quanti anni è rimasto solo prima di incontrarti?»

«Non so su cosa fondi questa tua sicurezza. Un uomo come tuo padre non sarebbe mai riuscito a stare da solo. Era convinto che la felicità gli fosse negata per un motivo incomprensibile. Non si era mai innamorato, eppure aveva bisogno di avere una donna al fianco. Oltre all'enorme dolore per la lontananza dai figli, soprattutto dalla sua prediletta Anna, sentiva la mancanza di fiducia nelle proprie capacità. Gli pesava dover andare a consumare i suoi pasti in un ristorante e riconoscere che non era in grado di badare a se stesso. La vita da solitario non era per lui. La consapevolezza di ciò lo indusse a guardarsi intorno e una sera, in una pizzeria, si accorse di una donna seduta al tavolo accanto al suo. Quella donna si era separata da poco. Dopo una breve frequentazione, sembrò naturale a entrambi che si facessero compagnia nella casa di lei, più grande e confortevole. Tuo padre vide in quell'invito un segnale di speranza. Teresa – così si chiamava – avrebbe potuto occuparsi della casa e di lui, consentendogli di lavorare sereno e guadagnare ciò che si era impegnato a corrispondere alla moglie e ai figli. Non gli interessava che Rita si avvantaggiasse delle sue elargizioni, di gran lunga superiori agli obblighi assunti in sede di separazione. Gli bastava che ai figli non mancasse nulla del necessario e neanche del superfluo. La sua vita piatta, priva di emozioni, nella quale si affannava a raggiungere quella che definiva una tranquillità passiva, avrebbe potuto andare avanti sempre allo stesso modo.»

«Ma come ha potuto rassegnarsi così? Non era un santo, mamma. Credo che lui non volesse quella vita. Dico bene? Perché rassegnarsi all'infelicità?»

«Eh già, perché rassegnarsi all'infelicità... Troppo difficile rispondere senza immedesimarsi nelle persone che lo fanno, senza analizzare le ragioni che le spingono a rinunciare alla speranza.

La verità, Luca, è che neanche Teresa comprese il malessere dell'uomo che aveva accanto. Nemmeno lei, guarda caso, disdegnava i soldi. Era architetto, ma in mancanza di lavoro si era ritrovata a ricoprire, per volontà di tuo padre, un ruolo nel suo studio odontoiatrico. Teresa era scontrosa, scorbutica. Non andava d'accordo né con lui né con i tuoi fratelli. Aveva irritanti sbalzi di umore. Puoi immaginare quanto questo abbia influito sulla serenità di tuo padre. Era combattuto tra due fuochi. Ma cercava di mediare, sobbarcandosi discussioni e malumore.»

All'improvviso Luca mi fissa in silenzio. Probabilmente sta elaborando dentro di sé tutto quello che in poche ore è costretto ad assorbire. Credo non si limiti ad immagazzinare notizie sulla vita tormentata di Matteo, ma vada oltre. Forse riflette sulle decisioni del padre.

Rivolge lo sguardo verso un punto indefinito del soffitto. È troppo distratto perché io possa continuare a parlare. Per qualche minuto non dice una parola e non batte ciglio.

A un tratto corruga la fronte. Questa sua espressione la conosco bene. Si sta arrovellando su qualcosa che lo incuriosisce e lo preoccupa.

«Che succede? Ho detto qualcosa che ti ha turbato particolarmente? Vuoi parlarne?»

«No, mamma, tranquilla. Beh, non è facile metabolizzare questa storia. Ma ce la sto mettendo tutta. Sto bene. Però, sai una cosa? Mi sembra che quello che stai raccontando io lo abbia già sentito. Che strana sensazione. Tu vai avanti nel racconto ed è come se conoscessi quello che viene dopo. Bah, forse ho fatto un sogno premonitore di cui mi sto ricordando solo ora. Chissà che non si tratti di un déjà-vu. Ne ho sentito parlare, ma non mi era mai successo prima. Un po' mi impressiona, però. Dai, non ci pensiamo.»

«Il turbamento fa brutti scherzi, Luca. Stai tranquillo. È capitato anche a me di avere un'esperienza simile. Una o due volte ho assistito a scene che ho avuto la sensazione di avere già vissuto o visto. Non ho voluto approfondire perché mi sia successo. È uno di quei misteri ai quali non riusciamo a dare una spiegazione. Basta non darci peso. Vuoi che ti prepari una camomilla, tesoro?»

«No no, mamma. È tutto okay. Comunque, ritornando al discorso, immaginavo che la storia con Teresa sarebbe andata a finire male. Mi chiedo: come si può convivere con una persona senza conoscerla a fondo? Se l'è andata proprio a cercare, papà. Anche se non me la sento di accusarlo. Non ha agito per far del male agli altri. Inconsapevolmente ha fatto solo del male a se stesso. In questo momento provo tenerezza per lui. Un uomo tanto buono quanto sfortunato. E sono triste e dispiaciuto per non aver avuto la possibilità di conoscerlo. Chissà se mi hai taciuto qualcosa che mi avrebbe fatto incazzare.»

«Come sono contenta, Luca. E come sarebbe contento lui se sapesse che il suo ultimo figlio, il figlio dell'amore, prova questi sentimenti nei suoi confronti. Ma lo sa, ne sono sicura. Beh, effettivamente una cosa di lui te l'ho nascosta. Ma certo non ti farà incazzare, come dici tu. Aveva una grande passione. Sono sicura che sarà per te una bella sorpresa. Proprio per questo non è ancora il momento di rivelartela.»

«Ma che fai? Rendi pan per focaccia? Vedremo chi sarà più sorpreso di noi due. Ritornando serio, sai cosa pensavo? Non so quanto tempo abbiate trascorso insieme, ma tu conosci veramente tutto di lui e anche lui sapeva ogni cosa di te. Hai perfino deciso di non escluderlo dal tuo orribile segreto. Quello che mi impressiona è che sembra tu percepisca le sue sensazioni come se le avessi vissute in prima persona. Deve essere stato davvero un amore grande, il vostro. E io devo considerarmi fortunato a essere stato il frutto di un sentimento così forte. Non certo come la mia povera sorella, che è stata concepita per tenere in vita un matrimonio ormai finito. È assurdo solo averlo potuto pensare.»

«Sì, è vero quello che dici, Luca. Io e tuo padre ci raccontammo subito tutto di noi. Mi scelse come la destinataria dei suoi segreti più intimi. Volle aprire a me la sua anima. Fu la prima dimostrazione del suo immenso amore. Non aveva mai confessato a nessuno quanto avesse sofferto nella sua infanzia. Sebbene il tempo trascorso insieme sia stato breve, troppo breve, è stato sufficiente per farci provare un sentimento raro e raggiungere un grado di intimità altrettanto raro.»

«Forse il vostro amore era troppo grande per essere vissuto. Forse sono gli amori impossibili quelli destinati a durare in eterno e a sopravvivere alla morte. Ne abbiamo visti di film che li raccontano, no? La felicità è fugace. E il privilegio di averla assaporata finisce per diventare sventura se esige un prezzo così elevato. Il prezzo di non poterla vivere fino in fondo.»

«Continui a meravigliarmi, Luca. Queste tue riflessioni potrebbero avere un fondo di verità. È vero, può accadere che l'amore non possa essere vissuto. Per le ragioni più disparate. Ma non mi sembra giusto pensarlo in assoluto. Non mi piace che tu abbia questa visione pessimistica. E non vorrei che fosse la storia che ho vissuto con tuo padre ad inculcartela. Anzi vorrei proprio il contrario. Che l'immensità del nostro amore ti invogli a voler vivere le emozioni che un sentimento così profondo può regalare. Basta aprire il proprio cuore e riconoscere la persona giusta a cui donarlo. La persona che meriti quell'amore e lo ricambi. Ciò che è successo a tuo padre ti sta insegnando qualcosa, vero?»

«Puoi dirlo forte, mamma. Ma quello che mi stai raccontando oggi mi rivela un aspetto di te inaspettato. Non credevo fossi così romantica, passionale, capace di un sentimento incondizionato per un uomo. Ti consideravo più razionale. Se avessi voluto immaginarti in una relazione sentimentale, ti avrei vista algida e distaccata nei confronti di un eventuale tuo compagno. È anche questa una sorpresa, piacevole per me. Però continuiamo a passare da un argomento all'altro. È vero che sono tante le cose di cui parlare, su cui vien voglia di soffermarsi. Ma ora credo sia giusto che, dopo avermi raccontato per sommi capi la vita di mio padre, tu mi dica come ha avuto fine. Immagino che abbia lasciato Teresa per te. Che finalmente abbia trovato la forza di prendere una decisione forte, quella più giusta.»

«Sì, Luca. Ma non l'ha presa a cuor leggero. Ha dovuto fare i conti con la sua coscienza. Tutto è successo quando ho realizzato che, continuando a vivere il nostro amore clandestinamente, ci saremmo distrutti.»

42

«Non c'era bisogno che tuo padre mi rivelasse i suoi pensieri o le sue preoccupazioni. Mi bastava osservarlo per capire. A volte il suo respiro diventava più affannoso e mi accorgevo che, anche se per pochi minuti, lui si assentava, distratto da qualcosa che lo angustiava. Non avrei detto o fatto nulla che potesse turbarlo. Non gli avrei chiesto mai di prendere una decisione. Sapevo bene che sarebbe stato troppo complicato per lui un cambiamento radicale della sua vita. Durante il breve tempo che riuscivamo a trascorrere insieme nel pied-à-terre di un suo amico fidato, non ci slegavamo dal nostro abbraccio. Ero solita appoggiare la testa sul suo petto e ascoltarlo vibrare mentre parlavamo. Spesso avvertivamo l'esigenza di stare a lungo silenziosi e allora mi piaceva sentire che il tempo veniva scandito dai battiti del suo cuore.

Una sera, dopo più di cinque mesi dal nostro primo incontro in una modesta pensione della capitale dopo la chiusura del vernissage, lo sentii ansimare. Allora decisi di parlargli. Pensavo che potesse farlo stare meglio un confronto che tenere per sé pensieri angosciosi. Mi staccai da lui e lo osservai in silenzio. Ebbi la consapevolezza di leggere nei suoi occhi profondi tutto ciò che già sapevo. Gli dissi quello che avevo compreso e lui mi confermò ogni parola, senza mostrare alcuna meraviglia. Aveva imparato a conoscere la mia perspicacia dovuta a uno spiccato sesto senso. Sai che è una dote innata in molte donne. Se di dote si possa parlare. A volte sarebbe meglio non percepire ciò che non trapela.

Era come pensavo. Ogni distacco diventava per lui sempre più intollerabile e ingiusto. Peraltro, la frequenza nel tempo dei nostri incontri clandestini li rendeva pericolosi. Se Teresa avesse scoperto il suo tradimento, tuo padre si sarebbe trovato, da un giorno all'altro, in gravi difficoltà economiche. Si era convinto che quella donna lo avesse in pugno perché gestiva il suo studio professionale. Dissi a Matteo che non avrebbe dovuto sentirsi *in debito*. C'erano tante ragioni per cui anche Teresa doveva essergli grata. Non avrebbe potuto vivere agiatamente, o ristrutturare la casa senza il suo apporto economico. Gli dissi anche che tra due persone che si amano c'è reciprocità nel dare e nel ricevere. Sono le circostanze, gli eventi della vita o le capacità finanziarie a far pendere la bilancia da una parte o dall'altra. E infine aggiunsi che, se fossi stata io Teresa, e avessi capito che il mio compagno aveva deciso di rinunciare all'amore della sua vita solo per un senso di gratitudine nei miei confronti, e per non stravolgere un'organizzazione di vita ormai stabilizzata, me ne sarei andata dignitosamente. Mai avrei accettato di avere accanto un uomo rassegnato a causa di un amore impossibile. Un uomo che non avesse il coraggio di lasciarmi solo per un sentimento di riconoscenza o, peggio ancora, di commiserazione. Mi sembrò che il mio ragionamento non facesse una grinza. Forse, però, fui troppo diretta. Forse, inconsapevolmente, lo mortificai. Forse se non avessi pronunciato quelle frasi le nostre vite avrebbero preso un'altra direzione. Ah, se fossi stata zitta!

La sua prima reazione mi spiazzò. Mi guardò con un'espressione che mi sembrò di un amore infinito e, allo stesso tempo, disperato. Disse solo questo: *Ma tu non sei Teresa Proietti. Tu sei Emma Valente!* Può darsi che avesse pensato di farmi un complimento, tuttavia mi sembrò la cosa più triste che potesse dirmi. Come se non ci fosse possibilità di cambiare lo stato delle cose. Non so chi mi diede la forza di andar via da lui sapendo che quel nostro incontro poteva essere l'ultimo. Non mi presentai al successivo appuntamento. Ci vedevamo due sere a settimana, per non più di un'ora, il tempo necessario a giustificare la scusa che lui si inventava per uscire da solo. Non risposi alle sue telefonate per due interminabili settimane. Non riuscii a toccare una sola volta il pennello e restai a letto senza mangiare. Contai mille volte le luci del lampadario che pendeva sopra la mia testa, quello che ora pende sulla tua. Riuscivo ad addormentarmi grazie solo alle pillole con le quali anche tu ieri sera hai fatto amicizia. A proposito. Che sia l'ultima volta, Luca!»

«Ma cosa vai a pensare, mamma? Non riuscivo a chiudere occhio e ho pensato che mi avrebbero aiutato. Erano sul tuo comodino. Neanche te ne sei accorta che non c'erano più. Una volta tanto si può fare, no? E poi guarda un po' da che pulpito viene la predica! Tu devi smettere di prenderle. Dopo tanti anni possono essere dannose per la tua salute.

Non cambiamo discorso, però. Beh, è chiaro che non vi siete lasciati. Ed è anche evidente che, se papà non avesse deciso di lasciare Teresa, avrebbe continuato ad accettare passivamente una vita fatta di compromessi. Immagino che a volte, quando l'amore finisce, si possa decidere di accontentarsi, pensando che sia necessario farlo per i figli, ma anche per se stessi. Certo che così la coerenza va a farsi benedire. Non credo che riuscirei a fare una scelta simile. Ma nella vita mai dire mai.»

«Ma guarda che ragionamenti! Cosa ne puoi sapere tu di queste cose, se non sei neanche fidanzato? Almeno per quello che ne so io.»

«Non fare la furba. Vuoi tendermi un tranello? Non ci casco.

Cosa ne posso sapere? Semplicemente ascolto dai miei amici quello che accade ai loro genitori, leggo le lettere scritte sui settimanali agli esperti. Sono affascinato dalla psicologia. Lo hai capito ormai. Mi piace analizzare. E poi ti ho già detto che non è solo merito mio.»

«Ma di una persona misteriosa. Ti concedo solo dieci minuti e poi mi dirai chi è.»

«Te l'ho promesso, tranquilla. Ora dimmi cosa è successo dopo il tuo *ultimatum.* Non ti responsabilizzare, mamma. Qualunque donna lo avrebbe messo con le spalle al muro.»

«Sì Luca, grazie per la tua solidarietà. Ma non riesco a liberarmi dalla sensazione di colpa per averlo costretto ad accelerare i tempi. A ogni modo, è inutile rimuginare sul passato.

Successe che tuo padre si convinse che la direzione giusta fosse quella che conduceva all'amore. Ma una cosa è il pensiero, un'altra è l'azione. Quei quindici giorni passati arrovellandosi sulla decisione da prendere, furono sicuramente i più tormentati e infelici della sua vita. Perse sei chili. La mattina del sedicesimo giorno nonna Ada tornò a casa con un biglietto per me, che aveva trovato nella buca della posta. Era di tuo padre. Usò il mezzo più dolce e romantico per dirmi che aveva fatto la sua scelta. Prima di aprire la busta, cominciai a tremare per l'eccitazione. Non mi avrebbe scritto se avesse voluto porre fine alla nostra storia d'amore. Mi dava appuntamento nel primo pomeriggio al Belvedere. Era una giornata meravigliosa di sole. Io sarei andata con la mia auto e lui mi avrebbe raggiunto alle due. A quell'ora non avremmo incontrato altre persone. È un posto ideale per le coppiette, lo sai. Quando lo vidi arrivare con la sua moto e i lunghi capelli al vento mi sembrò davvero di vedere il mio bellissimo principe azzurro che veniva a prendermi per portarmi via. Puoi anche considerarmi svenevole, ma fu proprio quello che pensai. Avevo solo trent'anni e lui era molto più grande di me. Aveva quarantasei anni. Non te l'ho ancora detto, vero? Era così affascinante!»

«Papà aveva una moto?»

«Non mi meraviglia, Luca, che tu reagisca in questo modo. Sì, tuo padre provava amore per gli animali e aveva una grande passione per le moto. Ti avevo preannunciato che ti avrei rivelato un aspetto di lui che ti avrebbe stupito. Ora puoi immaginare quanto mi abbia emozionata scoprire in te prima l'uno e poi l'altra. Il vincolo di sangue giustifica la somiglianza fisica, questo sì. Ma tu non lo avevi mai visto, non avevi potuto assimilare o imparare nulla da lui, non sapevi neanche della sua esistenza. Come si spiegava che in te rivivessero le sue passioni? Non riuscivo a trovare risposte. Però mi faceva bene al cuore pensare che voi foste così simili.

Lo consideravo un bel segno e tale è stato perché, giorno dopo giorno, riconoscevo lui in te, trovando così la forza di continuare a convivere con il vuoto immenso che aveva lasciato.»

«Ma allora perché mi hai impedito sempre di comprare una moto? Sai quanto ci tenessi e quante volte te l'ho chiesto. E conoscevi anche la ragione per la quale avevo questa passione. Quanti litigi tra noi! Avremmo potuto risparmiarceli. Capisco che un genitore possa essere spaventato dal rischio che il figlio abbia un incidente. È una storia vecchia. Anche i miei amici hanno dovuto lottare per vedersi regalare perfino un motorino. Ma se ci ragioniamo su, i pericoli si incontrano sempre sulla strada, con qualsiasi mezzo. Non mi far dire cose banali, dai! L'importante è essere prudenti. Poi il destino fa la sua parte. Tu sai bene che comprerò una moto col mio primo stipendio. Vero, mamma? E sai anche che non potrai vietarmelo. Ma stai tranquilla. Sarò attento, te lo giuro. Non voglio rinunciare alla mia vita per nessuna cosa al mondo. Neanche per la Ducati dei miei sogni. Toglimi una curiosità. Che tipo di moto piaceva a mio padre?»

Sono contenta di doverlo sorprendere ancora una volta. Ma ho il presentimento che qualcosa andrà storto. Non so spiegarmi quest'ansia. Spero sia solo l'effetto della stanchezza per lo stress accumulato in queste ore.

«Quale moto gli piaceva? Non gli interessavano tutte. Una e solo una lo appassionava. Se ne occupava con una cura maniacale, rappresentava per lui il rifugio e la via di fuga. Era la Ducati Paso 750. Proprio quella della foto che hai appeso alla parete della tua camera.»

«Tutto questo ha dell'incredibile, mamma!»
È emozionato come non l'ho mai visto. Ma anche disorientato. Povero Luca! Tante rivelazioni e tutte insieme!
Mi chiedo se proseguire nel racconto o fermarmi qui.
«Non so ancora, figlio mio, se vuoi proprio sapere cosa accadde. Perché da quel giorno iniziò la fine di tuo padre.»
«Oggi compio venticinque anni, mamma. Non sono più un adolescente. Mi sono laureato, sto per iniziare a lavorare. A questo punto, sarebbe un atto di vigliaccheria mettere la testa sotto la sabbia. Raccontami tutto.»

43

«Era il 21 marzo 1990. Quel pomeriggio tutto sembrava perfetto. Il luogo scelto da tuo padre, il primo splendido giorno di primavera, la vegetazione rigogliosa dopo mesi di grigiore. I colori, i profumi, sembravano essere esplosi all'improvviso. Il sole tiepido e il cielo terso testimoniavano che era giunta la stagione del risveglio e noi avvertimmo un senso di liberazione dall'angoscia delle ultime due settimane. Quando scese dalla moto, lui dolcemente mi fece girare, mi disse di volgere lo sguardo alla vallata e, abbracciandomi da dietro le spalle, mi sussurrò all'orecchio le parole che volevo sentirmi dire. Davanti a quella straordinaria scenografia della natura, le sue frasi risuonarono come una musica dolce e armoniosa. Aveva deciso. Non poteva rinunciare a me. Non sarebbe stato giusto continuare a stare accanto a una donna per la quale provava solo affetto e gratitudine. Le avrebbe mancato di rispetto ogni volta che, guardando lei, avrebbe desiderato me al suo posto. Non sarebbe stato facile, mi disse, affrontare le conseguenze della sua decisione, ma ne valeva la pena. Insieme avremmo trovato la strada per evitare contraccolpi ai suoi figli. Ci staccammo da quell'abbraccio e i nostri sguardi appassionati parlarono per noi. Eravamo pronti a farci avvolgere da una spirale di felicità, a vivere quell'amore per il resto dei nostri giorni, fino a che qualcosa di soprannaturale e di ineludibile ci avesse separati. Non mi guardare così, Luca. Non esagero. Ecco, diciamo che furono esagerate le emozioni che provammo. Fu difficile per entrambi sostenerne l'intensità. Quelle sensazioni le vivemmo in pochi minuti.

Tuo padre fremeva dalla voglia di affrontare subito la questione con Teresa. Era convinto che lei avrebbe compreso, che sarebbe riuscito a farla ragionare, che avrebbero trovato un accordo civile. Sarebbe convenuto anche a lei. Le avrebbe assicurato una vita comoda, priva di preoccupazioni economiche. Mi fece tenerezza per la sua ingenuità. Aveva già ampiamente provato sulla sua pelle cosa una donna fosse capace di fare per non perdere i suoi privilegi. Forse Teresa nascondeva meglio di Rita l'opportunismo e la scaltrezza, ma era evidente il suo intento di tenere legato a sé il compagno, avendo, poco alla volta, preso il controllo della sua vita. Quindi avevo seri dubbi che il loro legame si sarebbe sciolto in modo pacifico. Lei non avrebbe rinunciato facilmente allo status di compagna di un professionista noto e stimato in questa cittadina e a tutti i benefici che ne derivavano. Il mio giudizio critico non era dovuto a gelosia o avversione, ma a ciò che tuo padre mi raccontava. Durante i frequenti litigi, lei gli rinfacciava che potevano finirla lì, perché non erano sposati e non avevano figli. Ma come poteva sfuggire all'amore mio che quelle frasi nascondessero una velata minaccia? Teresa era sicura che tuo padre non potesse fare a meno di lei. E non esitava a rinfacciargli di continuo la sua debolezza, mettendo così in atto la sua strategia. Mi guardai bene dal manifestargli le mie perplessità e lo lasciai andare via, osservandolo montare sulla sua moto con l'entusiasmo di un adolescente. Si girò un attimo e quello sguardo pieno di speranza e di amore che mi rivolse prima di partire è stampato nella mia mente e non ne uscirà fino al mio ultimo respiro.

Hai sicuramente capito, Luca, che quell'incontro con Teresa non ci fu mai. Tuo padre non ha avuto il tempo di provare un'altra disillusione, quella che gli avrebbe smorzato l'euforia della libertà di amare. Nella foga di venire da me per comunicarmi la sua decisione, aveva dimenticato di indossare il casco. Sai bene quanto è tortuosa la strada che porta al Belvedere. Forse una distrazione. Forse era agitato perché temeva lo scontro con Teresa. Ha perso il controllo della Ducati ed è finito contro un albero. Non è morto sul colpo. È rimasto in coma per un mese. Le lesioni erano molto gravi e il 25 aprile 1990 il suo cuore ha cessato di battere. Ora puoi capire perché non ho mai voluto regalarti una moto. Il solo pensiero che potesse accadere a te quello che era successo a tuo padre mi faceva impazzire e poi...»

«Quindi mio padre non è morto per malattia. Ed era un odontoiatra... E scommetto che non si chiamava Enrico? Qual era il vero nome di mio padre? Dimmelo subito!»

Mi fa paura sentirlo gridare così.

«Enrico è un nome di fantasia. Non so perché ti ho nascosto il suo vero nome. Non me lo hai chiesto e non ho dato importanza alla cosa. Ma perché ti arrabbi così, Luca? Cosa ti prende? Ti ho rivelato tante verità, oggi. Perché non dovrei dirti come si chiamava tuo padre? Si chiamava Matteo Romano.»

Lo vedo sbiancare. Dio mio! Ma cosa sta succedendo? In un primo momento sembra che stia per perdere i sensi. Poi si alza di scatto dal divano e corre verso il bagno. Lo inseguo, ma mi ferma con il braccio. Usa troppa forza. Mi fa male. Sbatte dietro di sé la porta e la chiude a chiave. Anche io sto per avere un cedimento. Non so cosa fare, cosa pensare. Busso forte, con tutta la forza che mi è rimasta.

«Luca, per favore. Apri! Come stai? Ma cosa c'è? Cosa ho detto? Scusami, se ho sbagliato. Come posso aiutarti? Chiamo un medico? Dimmi che sta succedendo! Non riesco a capire. Sono disperata!»

Silenzio. Poi sento distintamente i suoi conati. Provocano in me un forte senso di nausea. Ma so bene che se crollo anch'io non usciremo mai da questa situazione, impensabile fino a pochi minuti fa.

Luca non riesce a trattenersi dal vomitare. Ascolto impotente i suoi sforzi. Sembra non finiscano mai. I minuti che trascorrono prima del rumore dello scarico sono interminabili. Non so se chiamare il 118. Sono sgomenta, confusa.

Ho paura! Una sensazione che si risveglia in me provocandomi un dolore che mi lacera ogni parte del corpo. La conosco bene la paura. È ritornata per schiacciarmi di nuovo, proprio come ha fatto per anni. So quanto sia diabolica questa nemica, quanto sia difficile sconfiggerla. L'ho combattuta strenuamente per tanto tempo, ho sofferto le pene dell'inferno per contrastarla, guadagnandomi una tregua. Ma ora perché si ripresenta?

Finalmente la porta si apre. Luca è irriconoscibile. Solo poco fa aveva un bel colorito. Ora è pallido. Gli occhi rossi e gonfi. Le guance umide per le lacrime. Come è possibile? Era così sereno e all'improvviso è precipitato tutto.

Barcolla. Lo accompagno al divano, sorreggendolo delicatamente. Cerco di non dar peso al fastidio che gli provoca il mio gesto. Ci sediamo allo stesso posto di prima. Provo a mettergli la mano sulla fronte per controllare se abbia la febbre. Voglio convincermi che si tratti di un malessere dovuto a disturbi gastrointestinali. Non ci eravamo neanche accorti di aver saltato il pranzo.

Ma i suoi occhi mi tolgono ogni speranza. Mi guardano con rancore, come farebbe chiunque abbia subito un torto imperdonabile. Allontana sgarbatamente la mia mano, facendomi ben intendere che non gradisce essere toccato.

«Ma insomma, Luca! Vuoi dirmi cosa ti prende? Perché ce l'hai a morte con me? Cosa ho fatto di male? Dimmelo! Per l'amor di Dio!»

Non mi degna neanche di uno sguardo. Continua a fissare la credenza davanti a sé. Quando finalmente si decide a parlare sembra che non stia parlando a me, ma a una persona immaginaria seduta di fronte a lui.

Risponde con voce asfittica: «Hai costretto con la tua insistenza nonna Ada a svelarti la verità atroce che ha segnato la tua vita. L'hai colpevolizzata, accusandola di aver taciuto per troppo tempo. Hai sbagliato a farlo! Fino a una certa età – quanti anni? Venti? Venticinque? – ti eri salvata annebbiando la tua memoria. Eri riuscita a cancellare la ferocia di quella notte. Sei convinta davvero che sia stato giusto ricordare tutto quello che avevi rimosso per difendere te stessa? Che sia stato giusto rivivere ogni attimo di quelle maledette ore in cui hai dovuto assistere impotente, a soli cinque anni, a un delitto di una crudeltà disumana? Che sia stato giusto rivedere sparso il sangue di tua madre, finita senza pietà dall'uomo che diceva di amarla e che con lei ti aveva messa al mondo? No! Conoscere una verità così violenta ha distorto la tua vita, l'ha limitata, vincolata.»

«Ma cosa stai dicendo Luca...»

«Hai parlato tanto tu. Ora tocca a me. Ascolta e basta! Sei stata per anni prevenuta nei confronti del genere maschile. Hai creduto che in ogni uomo si nascondesse un pericolo; che ce ne fossero in giro tanti come Luigi Valente, capaci di dimostrare l'amore verso la propria donna uccidendola brutalmente. Non è stata la verità a salvarti. Vuoi capirlo? Nonna Ada con il suo smisurato amore, Cristina con la sua grande amicizia, e la pittura, la straordinaria dote che hai la fortuna di possedere, potevano bastare per riempirti la vita.

Dopo la morte della nonna e la partenza per Londra di zia Cristina, saresti rimasta una donna sola, rintanata nel tuo porto sicuro in compagnia dei tuoi quadri. Ma hai avuto la fortuna di incontrare un amore grande. Quello sì che ti ha salvata dall'infelicità e ha dato un senso alla tua vita. Sappi però che quell'amore infinito lo avresti trovato anche senza aver conosciuto la spietatezza di quella verità. In più ti saresti risparmiata di rievocare con la mente di una bambina terrorizzata scene orribili, di fronte alle quali neanche un adulto avrebbe potuto reggere.

E poi, pensi che io non sarei nato se nonna non avesse confessato l'inimmaginabile? Era stato un miracolo che tu avessi rimosso tutto l'orrore di cui eri stata testimone. Ma tu volevi sapere. Nulla ha potuto nonna Ada di fronte alla tua caparbietà. Così sei riuscita a ottenere quello che volevi. Brava! E con quale risultato? Che tu porterai dentro una ferita che mai si rimarginerà, fino alla morte. E io ho vissuto la mia infanzia e la mia adolescenza attanagliato dai sospetti, che certo non aiutavano a sopportare l'assenza di un padre. La ingigantivano. Cercavo di origliare quando tu e nonna Ada facevate i vostri discorsi su questo divano. Non erano chiacchierate tranquille, alzavate la voce e tu spesso piangevi. Ricordi quando ti ho detto che vi avevo sentite parlare di un uomo e che non capivo chi fosse? Ora so che parlavate di mio padre, Matteo. Non occorreva una grande intelligenza per comprendere che qualcosa di molto grave era accaduto alla nostra famiglia. Stuzzicando la mia curiosità, mi hai fatto commettere il tuo stesso errore. Ti ho costretta a dirmi la verità e ho dovuto attendere nove anni per scoprire che dentro di me pulsa il sangue di un assassino.»

«Mi dispiace se hai ascoltato da ragazzo qualcosa che ti ha turbato. È imperdonabile che sia stata tanto disattenta. Che non mi sia accorta che tu potessi ascoltare e preoccuparti. Sarà successo solo un paio di volte che io e nonna abbiamo discusso animatamente del passato ed ero sicura che tu fossi chiuso nella tua camera a studiare. Capitava quando ero particolarmente stanca e nervosa per le responsabilità che avevo sulle spalle. E finivo per prendermela con quella povera donna. Credo succeda spesso di affidare alle persone a noi più care il ruolo di capri espiatori. E nonna era disposta a sopportare tutto per me. In questo momento mi sento schiacciata dal peso dei sensi di colpa nei confronti suoi e tuoi. Ma qualcosa non torna. Finora abbiamo parlato tranquillamente. Mi pareva avessi reagito come meglio non potevi alla verità. Anzi alle verità. Hai dimostrato grande forza interiore.

Ti sei immedesimato nella mia penosa condizione. Ti ho sentito vicino, la tua comprensione affettuosa mi ha trasmesso un senso di sollievo di cui avevo tanto bisogno. E ora è come se rimettessi tutto in discussione. È come se ripartissimo dalle otto di stamattina. Oltre a sentirmi in colpa per essere stata intransigente e non averti rivelato nulla del passato, mi sento sotto accusa. Come se fossi colpevole di essere la figlia di un criminale.»

«Adesso fai anche la vittima? Dopo aver combinato un disastro?»

«Ma quale disastro? Capisco che tu mi voglia responsabilizzare. Hai tutte le ragioni del mondo. Ma non ho colpe se sono stata così sfortunata a vivere un'infanzia terribile, la peggiore che possa immaginarsi. Ho cercato in tutti i modi di tenerti fuori da ciò che ho patito dopo quella notte orrenda. Non avrei voluto mai che tu sapessi.»

«Certo, non avresti voluto, ma quella maledetta verità me l'hai fatta respirare per anni!»

«Ma noi non stavamo parlando di questo quando hai avuto una reazione inspiegabile. Evidentemente è stato altro ad averti turbato. Mi scombussola tutto ciò che hai detto e mi sento accusata per qualcos'altro. Non riesco a capire la vera ragione di questo tuo improvviso cambiamento. Trovo difficoltà a seguirti nel discorso. Provo una sensazione di disagio. Ho l'impressione di non riuscire a sostenere il confronto con te. Credevo che tutto ciò di cui oggi abbiamo parlato ci avesse ancora più avvicinati, rendendoci complici come non mai. E invece ora avverto una sensazione terribile. Ti sento lontano, sulla sponda opposta di una voragine nella quale mi sembra di sprofondare, sommersa da mille dubbi.»

«Dubbi? Tu parli di dubbi? Ho vissuto anni d'inferno. Forse non te ne sei accorta, troppo distratta com'eri dal tuo di inferno. Avrei voluto una vita normale, una famiglia normale. Non avevi accesso alla mia camera e, quindi, ti risparmiavi di imbatterti nella mia tristezza, nella mia infelicità. Ma del mio malessere interiore non mi sono mai liberato. È ingiusto che sia capitato tutto questo alla mia famiglia. È veramente troppo! Ed è ingiusta la tua decisione di non svelarmi l'identità di mio padre quando avevo sedici anni. Anzi, anche prima. Cosa ti preoccupava così tanto? Volevi evitare che conoscessi i miei fratelli? Pensavi che rappresentassero un pericolo per me? O forse per te? Cose da pazzi! Ho capito. Mi è tutto chiaro. Temevi che non riservassi solo a te il mio amore. Non volevi turbare il rapporto esclusivo che ci legava. Un vero atto di egoismo, Emma! Solo per un puro caso oggi mi hai detto quello che avevo il sacrosanto diritto di sapere, arrogandoti il potere di decidere per me. Come faccio a perdonartelo? Hai commesso un errore grande quanto quello compiuto da nonna Ada. Lei avrebbe dovuto tacere. Tu avresti dovuto parlare.»

Ora è addosso a me che sta vomitando tutto quello che aveva dentro e non ha mai elaborato. Eppure prima aveva detto che mi aveva compresa, che mi aveva perdonata. Non ci capisco più niente.

Mi sento come il bersaglio di un meteorite che punta dritto sul mio corpo e non posso evitare in alcun modo. Provo un senso di rassegnazione di fronte a un evento fulminante e ineluttabile.

«Ma figlio mio...»

«Non mi interrompere! Ho altre cose da dirti e capirai.»

44

«Non ho mai legato con i miei coetanei e per molto tempo non ho capito quali fossero le mie difficoltà a relazionarmi con gli altri. Perché quando uscivo per divertirmi non vedevo l'ora di tornare a rinchiudermi in casa? Sì, sentivo questa casa accogliente, calda. Tu ti davi da fare per rendere l'atmosfera gioiosa, con i colori della tavola, l'allegria trasmessa dalla musica. Ma ora devo confessarti che quei colori e quella musica erano in totale contrasto con il grigiore del mio stato d'animo.

A un certo punto, decisi di usare le paghette settimanali per comprare testi di psicologia che trattavano di adolescenti con disturbi della personalità. Leggevo, ma non trovavo la soluzione ai miei problemi. In compenso avevo fatto la conoscenza di una serie di disturbi psichici, che neanche avrei immaginato esistessero. Insomma, mi sono sentito in buona compagnia. Poi quattro anni fa uno di quei testi mi aprì la mente. *Le competenze relazionali e affettive degli adolescenti:* così si intitolava. Fu un vero e proprio richiamo. Sembrava parlasse proprio a me. Provai l'impulso di cercare su Internet notizie dell'autore che lo aveva scritto. Era una donna. Una ricercatrice. Mi procurai il suo numero di telefono. Non ci pensai due volte e la chiamai. Aveva un tono di voce caldo, accogliente.

Mi mise a mio agio. Mi disse che collaborava con il centro diagnostico «Sanitas», a dieci chilometri da qui. Veniva due volte alla settimana per sedute di psicoterapia. Quasi saltai di gioia dalla sedia quando me lo comunicò. Così, grazie a lei e alla fiducia che mi ispirava, mi sentii pronto a iniziare un percorso terapeutico. Ogni martedì ti chiedevo l'auto per andare da Michele. Era quello che ti dicevo, ma non era vero. La mia meta era lo studio della mia psicoterapeuta, dove per un anno, seduta dopo seduta, ho tirato fuori tutti i miei turbamenti, le mie insicurezze, la mia ansia, tutte le mie inquietudini. Grazie a lei ho imparato l'importanza del concetto di interazione. Sono diventato capace di analizzare e comprendere le mie emozioni e i miei comportamenti, anche in relazione a quelli degli altri. Soprattutto mi ha insegnato quanto sia fondamentale l'accettazione di sé, dei propri limiti, degli eventi anche tragici che turbano la propria esistenza, per ritrovare la serenità e la voglia di vivere. Tu non potevi sapere di questi miei progressi e ti sei meravigliata della maturità che ho dimostrato nel dialogare con te. Ti è sembrato di non riconoscermi. E sai perché? Perché non mi conosci! Semplicemente. Come accade a tanti genitori che sottovalutano i loro figli adolescenti, soprattutto i maschi, ritenendoli superficiali e distratti dai loro interessi frivoli. Ma i veri distratti da mille impegni sono proprio loro, non i figli. E poi si lamentano se si ritrovano genitori di ragazzi con disturbi di personalità, con i quali non hanno mai affrontato questioni profonde, i loro disagi e insoddisfazioni, i loro bisogni e aspirazioni. Sì, anche tu non lo hai fatto. Le motivazioni sono diverse, ma il risultato è identico.»

Il suo sguardo severo, intimidatorio, è eloquente. Non ammette interruzioni.

Ma d'un tratto si alza a fatica, senza voler essere sorretto, e va a bere. Deve avere la saliva prosciugata a causa della disidratazione per il vomito e il lungo monologo. Poi va in bagno e mi fa segno con la testa di non seguirlo.

In questi pochi minuti di silenzio l'atmosfera è densa, quasi palpabile, sembra avvolgere ogni cosa. È come se le parole di Luca siano rimaste sospese nell'aria. Risuonano nella mia mente frastornata.

Ritorna, palesemente determinato a continuare il suo monologo. Non posso fare altro che lasciarlo parlare.

45

«Dopo la fine della terapia non volemmo interrompere i nostri contatti. Da mia psicologa, divenne mia amica. Mi faceva bene pensare che ci fosse una persona al mondo che sapesse tutto di me e mi capisse. Lei da tre anni rappresenta la mia confidente, la spalla su cui mi appoggio quando sono triste. Il nostro è un legame solido, al quale non rinuncerei per nulla al mondo. Un'amicizia può essere sublime come l'amore. E tale è la nostra. Cominci a capire, Emma?»

Continua a parlare, a parlare, e io non comprendo dove voglia arrivare. Rivolge accuse a me e alle mie distrazioni. Nessuna pietà per la mamma. Tutte le belle parole di prima sono state cancellate. Ma le sue amare considerazioni devono portare a qualcosa. A quello che, secondo lui, dovrei capire e non capisco. Ma cosa sarà di così grave?

Comincio a credere che il colpo che mi sarà inferto non sarà fulmineo. Le sensazioni si capovolgono. Più che un bersaglio, ora mi sento accompagnata con flemmatica fermezza verso l'abisso. L'attesa del momento in cui lo raggiungerò, e precipiterò, è snervante.

«Non so dove vuoi arrivare, Luca. Mi sento improvvisamente una stupida che non capisce le cose più ovvie.

Quello di cui sono sicura è che mio figlio ha sofferto tanto senza che me ne accorgessi. Che c'è qualcuno che è stato molto più bravo e attento di me a comprenderlo. Puoi immaginare che questo non riempia propriamente di gioia una mamma che si è rivelata inadeguata a ricoprire il suo ruolo. Ma non è gelosia la mia. Se questa psicologa è stata per te un punto di riferimento, sono contenta.»

«Ma davvero non hai capito? Non sei una stupida! Credo che tu non voglia capire! La donna di cui ti ho parlato, la mia amica del cuore, la persona per la quale mi butterei nel fuoco, proprio come lei farebbe per me, ha un fratello del quale non vuole parlare perché lo accusa di colpe imperdonabili, da anni non ha più alcun rapporto con lui. Però conosco il nome dei genitori. È rimasta orfana di padre a soli undici anni.»

«E quindi? Questo che vuol dire? Cosa vai a pensare? Non crederai mica che... Dai, è impossibile! Sono solo coincidenze!»

«Non mi interrompere! Questo tuo vizio maledetto. Vuoi capire che non ho finito? A un certo punto del tuo racconto ho voluto scacciare l'idea spaventosa che quelle non fossero *solo coincidenze*. In fondo, esistono tante storie che si somigliano, esistono tante famiglie in cui c'è una Rita, una Anna, un Mario. Sono nomi così comuni. Ma quando ho saputo dell'incidente, ho sentito crollarmi addosso tutto l'universo.

La mia amica era legatissima al papà, stravedeva per lui, lo amava immensamente. Ha sofferto molto quando se ne è andato via di casa. Ma col tempo ha capito le sue ragioni. E ha anche accettato la presenza di una compagna al suo fianco, e il carattere spigoloso di quella donna, della quale – chissà perché – non mi ha mai detto il nome. La decisione del padre comunque non ha inciso sul rapporto profondo che li legava. Niente e nessuno avrebbe mai potuto scalfirlo. Mentre con la madre ha sempre avuto un rapporto conflittuale. Un'insofferenza che si trasformò in profondo astio quando un giorno la sentì rivelare con sadismo all'altro figlio la strategia che aveva attuato nei riguardi del padre. Come vedi, anche la mia amica si è trovata per caso ad ascoltare di nascosto la madre. Era traumatizzata dalla sua cattiveria e dal suo cinismo, purtroppo condivisi dal fratello. Da quel giorno ha cominciato a guardarlo con altri occhi, ed ecco perché il rapporto tra i due è irrimediabilmente compromesso. Sai quante volte ci siamo detti che il destino ci ha fatto incontrare perché siamo simili? Che ci è stata riservata la stessa sorte?

Fin da bambini abbiamo dovuto accettare ciò che non avremmo voluto, abbiamo riconosciuto le ingiustizie che abbiamo subito, non riuscendo a capirne le ragioni, abbiamo dovuto fare a meno della presenza di un padre.

La nostra infanzia difficile ha fatto crescere entrambi troppo in fretta, con tanti tormenti da combattere. Ha studiato psicologia per aiutare se stessa, ma poi ha aiutato anche tanti giovani con difficili trascorsi adolescenziali. È per lei una vera e propria missione, che porta avanti in modo esemplare, con un criterio tutto suo, talvolta contrario a regole e concezioni assurde. Si immedesima sempre nello stato d'animo dei suoi pazienti, ricorrendo alla sua straordinaria empatia, e non li abbandona mai dopo la fine del percorso terapeutico. Nemmeno lei, proprio come te, vuol sentir parlare di moto. Quando ne vede sfrecciare una comincia a tremare. E sai perché? Perché il padre era Matteo! Il tuo subconscio ti ha impedito di chiedermi il cognome della donna di cui da ore conosci il nome. La donna che ti ha incuriosita, quella che mi ha fatto gli auguri per prima stamattina. Adesso te lo dico, così smetti di fare la finta tonta. È Romano! Lei si chiama Anna Romano! È mia sorella, Emma! E ora mi dici come cazzo faccio? Maledizione!»

46

È la rabbia ad avergli trasmesso l'energia che fino a poco fa gli mancava. Il suo tono di voce è diventato sempre più alto, in un crescendo spaventoso. La stoccata finale è giunta dopo una lenta agonia.

La forza recuperata lo fa alzare di scatto. Quasi corre per raggiungere la sua camera, dove si chiude sbattendo la porta con violenza.

Mi sento impietrita, come incollata a questo divano. Tutto avrei potuto immaginare, ma non questo! Ho sperato finché ho potuto che non fosse vero. Ha ragione Luca ancora una volta. Non ho voluto capire. Non ci voleva poi tanto. Ho rifiutato l'idea che potesse essere proprio lei.

Sono davvero stanca. Non ne posso più. Anche questa prova mi doveva toccare? Non so con chi prendermela. Anzi sì, lo so. Con me stessa. Luca ha ragione: non mi sono preoccupata della sua presenza in casa quando la mia rabbia mi portava a rivolgere ingiusti rimproveri a nonna Ada sul mio passato. L'incapacità di capire ciò che sentiva lo faceva arrovellare, accresceva i suoi dubbi e la sua inquietudine.

Un comportamento imperdonabile!

E non solo per questo. Se gli avessi detto prima chi

era il padre, non avrebbe dovuto fronteggiare un dilemma gigantesco. È tutta colpa mia!

Avergli rivelato troppo tardi l'identità del padre ha fatto emergere tutte le sue recriminazioni, ha risvegliato tutto il suo malessere.

Ho perso mio figlio. Vivrò il resto dei miei giorni afflitta dai rimpianti e dai sensi di colpa. Non sono buoni compagni di viaggio neanche questi. E poi sarò consumata lentamente da un dolore cronico, che nulla e nessuno potrà lenire. Invocherò la morte per liberarmene.

Penso con disperazione a quello che mi attende, senza Luca, l'unica ragione della mia vita, e mi sento stremata. Devo distendermi per non rischiare un malore: non voglio essere di peso a mio figlio in un momento terribile come questo.

Raggiungo a fatica la mia camera e mi chiudo dentro anche io, spogliandomi del vestito che avevo scelto con tanta cura per festeggiare al meglio il compleanno di Luca. Togliere quell'abito mi fa sentire nuda, indifesa, infreddolita. Il tremore mi piega le gambe. Mi lascio cadere sul letto.

Avevo iniziato la giornata con tanta speranza. Mi sarei finalmente scrollata di dosso il fardello della menzogna. Ero sicura che sarebbe stata una liberazione per me e per lui. Che la nostra vita priva di segreti sarebbe stata più tranquilla. Che la verità avrebbe migliorato il nostro rapporto, lo avrebbe reso più libero, leggero, trasparente. Rivelargli poi la verità anche sul padre aveva rafforzato quella speranza. E ora...

Mi sento pungere il cuore dalla disillusione.

Nella notte insonne dell'attesa avevo lasciato la mente

libera di vagare tra ricordi angoscianti e felici. L'avevo tenuta lontana dalla memoria del dolore, quello acuto, che la perdita di ciò che dà un senso alla vita provoca. Ora quei ricordi riaffiorano, inesorabili.

47

Ecco che rivedo la squallida sala d'attesa nella quale attendevo per ore in clandestinità, inchiodata a quella seggiola di plastica che mi spaccava la schiena. Volevo essere lì al suo risveglio. Volevo convincermi che accadesse. Per quel miracolo avrei rinunciato per sempre a lui.

La mia memoria va a Teresa seduta di fronte a me. Quante volte si sarà chiesta cosa ci facessi ogni giorno seduta allo stesso posto. Avrà immaginato la verità? Non credo.

Ricordo i suoi lineamenti induriti. Era palesemente irritata. Si era forse resa conto che non essere la moglie di Matteo la privava di qualsiasi ruolo e anche di tanti diritti. Lui aveva dovuto cedere all'imposizione della moglie di non chiedere il divorzio, in modo che lei potesse avvantaggiarsi dei suoi beni anche dopo la sua morte. Chissà poi perché era sicura che se ne sarebbe andato prima lui. Ad ogni modo, come sempre, l'aveva avuta vinta.

Così erano Rita e Mario gli unici ammessi ad accedere al reparto di terapia intensiva, i soli che potessero chiedere notizie ai medici del loro congiunto in fin di vita. Sulla carta erano loro e Anna la famiglia di Matteo, nonostante quella famiglia si fosse sgretolata. Erano i suoi potenziali eredi.

In quella sala d'attesa trascorrevo ore interminabili nella speranza di poter carpire notizie sulle condizioni di Matteo. Non mi interessava esercitare alcun diritto né ricoprire alcun ruolo. Desideravo solo stringere la mano del mio amore, come avrei voluto facesse lui per me in punto di morte. Avrei voluto parlargli dolcemente per ore, rievocando i momenti felici vissuti insieme, e ricordargli i nostri progetti per il futuro. Avrei voluto cantargli sottovoce le nostre canzoni preferite, sollecitare il suo risveglio in mille modi, stimolare le sue reazioni.

La disperazione può farti aggrappare a una parete scivolosa, può indurti a usare perfino le unghie per scalarla. Lo avrei fatto davvero se fosse servito per salvarlo. Avrei barattato la mia vita con la sua.

Ma nulla di ciò che avrei voluto – e che anche Matteo avrebbe desiderato – mi venne concesso. Non lo consentì l'amore privo di vincoli legali.

All'epoca, Anna era così piccola. La mamma la lasciava nella sala d'attesa, raccomandandole con tono severo di non muoversi da lì, mentre lei andava dal padre, non senza farsi sfuggire l'occasione di rivolgere uno sguardo di odio a Teresa, ricambiato con sdegno.

Osservavo le due donne con commiserazione, pensando amaramente che neanche l'odore della morte riusciva a smorzare il loro malanimo.

Ma la mia attenzione era concentrata su Anna. Non distoglievo lo sguardo da lei. Avrei voluto tanto abbracciarla. Riconoscevo, nei suoi, gli occhi del padre, nonostante fossero gonfi di pianto. Faceva tanta tenerezza vedere una ragazzina di undici anni soffrire in quel modo. Teresa ogni tanto scambiava con lei qualche parola. Mai una carezza, un gesto affettuoso.

Da un mese ormai Matteo era entrato in coma. Non riuscivo ad accettare l'idea che morisse. Il Signore non poteva permettere che lasciasse questa terra così presto. Ma i miracoli sono qualcosa di soprannaturale. Per questo sono rari.

Un giorno mi recai in sala d'attesa come facevo ormai da settimane. Sentivo il bisogno di essere il più vicino possibile a Matteo. Mi illudevo che potesse avvertire la mia presenza a pochi metri dal suo letto d'ospedale. Dopo interminabili ore, mi parve strano non veder passare nessuno della famiglia Romano, e neanche Teresa.

Non poteva essere vero! E invece un'infermiera clemente rispose alla mia richiesta supplichevole, confermandomi quello che già i fatti dicevano.

Matteo non c'era più.

Mi rifiutai di andare al suo funerale. Ero arrabbiata con tutti, perfino con lui che non aveva lottato abbastanza per non lasciarmi. Crollai. Nonna Ada era disperata, non sapeva come aiutarmi. Non poteva farlo lei, né Cristina, né nessun altro.

Non mangiavo, non dormivo, non dipingevo. Forse in cuor mio volevo lasciarmi consumare. Ma nonna e Cristina non lo permisero. Non mi fecero restare mai sola, mi costrinsero ad alimentarmi imboccandomi come una bambina e mi fecero visitare da un primario di psichiatria che mi prescrisse farmaci antidepressivi, più potenti di quelli che già assumevo, e una cura ricostituente. Nonostante ciò, la mia condizione non migliorò, anzi sembrò addirittura peggiorare. A quel punto Cristina prese in mano le redini della situazione.

Ormai era passato un mese dalla morte di Matteo e il mio stato psicofisico era diventato veramente preoccupante. Non sapendo cosa fare di più per aiutarmi, la mia amica mi costrinse ad alzarmi e mi condusse da un prete di cui aveva sentito parlare. Le era stato detto che aveva il potere di dare sollievo alle persone sofferenti. La resistenza che opposi fu debole. E non solo per mancanza di forze. Non riuscii a reggere lo sguardo di Cristina, di uno sconforto infinito. Così l'accontentai, nonostante fossi certa che non avremmo risolto nulla.

Padre Giuseppe ci accolse nella chiesa dell'Immacolata con tanta cordialità. Ispirava fiducia. Mi fece recitare delle preghiere che lessi con fatica. Ero spossata e scettica.

Cristina gli parlò del mio stato di prostrazione.

Padre, per favore, faccia una benedizione speciale alla mia amica che è stata colpita da tante disgrazie, da tanti lutti.

Non entrò nei particolari dell'ultimo, per ovvie ragioni. Era pur sempre un prete e Cristina non volle rischiare la sua disapprovazione e compromettere il suo soccorso.

Dovetti proprio fare pena a padre Giuseppe. Con un sorriso benevolo mi domandò se fossi disposta a fare un bagno nella mia vasca recitando delle preghiere alla Madonna. Ci chiese di andare a comprare un pacco di sale e lo benedì. Avrei dovuto spargerlo nell'acqua. Gli promisi che lo avrei fatto per non deluderlo. Aveva dimostrato tanta partecipazione emotiva alla mia sofferenza e la volontà sincera di aiutarmi ad alleviarla.

Tornai a casa più sconsolata che mai. Ma seguii ugualmente le sue indicazioni, sparsi il sale nell'acqua e recitai le preghiere implorando la Madonna. Non accadde nulla. Uscii fuori dalla vasca avvilita. Ma, dopo pochi minuti, mi accorsi che qualcosa di incredibile stava succedendo.

Essere testimone di un fenomeno privo di una spiegazione razionale mi lasciò di stucco. L'acqua aveva assunto un colore celeste, sembrava luccicare come fosse un lembo di mare. Mi sembrò il segno che qualcosa di bello sarebbe avvenuto. Avvertii un senso di pace mai provato prima. Vidi in quel celeste il simbolo della serenità e dell'armonia.

Chiamai urlando nonna Ada. Lei si precipitò. Si calmò solo quando mi vide sorridente. L'abbracciai forte e le raccontai con eccitazione quello che era accaduto. Non dimenticherò mai la sua felicità di quella sera in cui capì che la mia guarigione era prossima.

La notte successiva riuscii a dormire e mi svegliai come fossi un'altra persona, anzi come fossi la Emma di quel pomeriggio al Belvedere. Ritrovai la lucidità per rendermi conto che da due mesi il ciclo non si faceva vedere. Era possibile che quella strana amenorrea fosse causata dallo stress emotivo vissuto dopo l'incidente di Matteo.

Ma c'era un'altra probabilità. Il solo pensiero mi fece avvertire un brivido caldo che attraversò l'intero corpo.

Chiamai subito Cristina e le raccontai tutto. Il caso volle che fosse domenica, così si catapultò a casa mia con il test di gravidanza. Quel giorno seppi che avrei avuto un bambino e mi sembrò che ogni cosa fosse predestinata.

Avrei dovuto ridurre l'assunzione degli psicofarmaci per non arrecare danni al feto. Fu il mio primo pensiero.

Pensare che avrei stretto tra le braccia il frutto di un amore immenso mi provocò un'emozione che mi parve addirittura eccessiva. Ma riuscii a sopportarla, mettendo in atto la mia capacità acquisita nel tempo di tollerare punte estreme di dolore e di felicità.

In un momento di tale commozione rivolsi a me stessa una domanda insensata: *Matteo sarebbe stato veramente mio per tutta la vita se non avesse perso la sua in quell'incidente disgraziato?*

Non mi affannai a cercare una risposta. Nessuno avrebbe potuto cambiare il corso degli eventi. Quello che contava era la certezza che lui avrebbe continuato a vivere in nostro figlio.

Sentii da subito che sarebbe nato un maschietto e scelsi il nome, ancor prima di avere conferma del sesso. Lo avrei chiamato Luca perché il padre, un giorno in cui sentimmo la nostra passione raggiungere l'apice, mi disse che così avrebbe voluto chiamare nostro figlio.

Mi fu chiaro, dopo la nascita di Luca, che l'unico scopo della mia vita sarebbe stato quello di vederlo crescere sano e felice.

Fino a ieri pensavo di aver centrato il mio obiettivo.

Fino a ieri.

Solo in queste ultime ore ho saputo dei suoi disagi, della sua sofferenza, che aveva ben simulato per non procurarmi dispiacere. Come ho potuto non capirlo.

E ora mio figlio è nell'altra stanza a soffrire. Riesco a immedesimarmi nella sua angoscia e immagino quanto sia terribile il suo stato d'animo. È costretto a prendere una decisione troppo grande. Da quello che intenderà fare, dipenderà la salvezza di un rapporto di vitale importanza per lui.

È insopportabile il peso della responsabilità che provo per aver determinato tutto questo. Perché non gli ho detto prima la verità sul padre? Perché?

E perché il destino si è divertito a giocarmi questo scherzo di pessimo gusto? C'era una possibilità su un milione che si verificasse una coincidenza che nemmeno la mente più fantasiosa avrebbe architettato.

48

Il danaro che Rita aveva ricavato dalla vendita dei beni di Matteo le aveva permesso di acquistare un lussuoso attico in un bel quartiere della capitale.

Mi fermo alle notizie che Cristina è riuscita a carpire alla madre, grande amica di una parente di Rita.

Non so più niente di lei da molto tempo. E non sapevo più niente di Anna fino a oggi.

Quello che è accaduto ha dell'inverosimile. Sarò suggestionata dagli eventi, ma sono convinta che sia stato determinante per la grande amicizia di Anna e Luca il fatto che siano sorella e fratello. Il vincolo di sangue ha una potenza straordinaria. Si sono «riconosciuti», nonostante non avrebbero mai potuto immaginare di avere in comune lo stesso padre.

È stato traumatizzante anche per me sapere di colpo che quella donna che ha telefonato a Luca stamattina con tanta confidenza è la figlia di Matteo. Sicuramente ci sarà anche una sua fotografia tra quelle che affollano le pareti della camera di Luca. Non ho avuto il tempo di soffermarmi su ciascuna istantanea, altrimenti l'avrei riconosciuta. Quegli occhi verdi li ricordo bene.

Forse sto vivendo un incubo. Se così è, voglio svegliarmi subito.

49

Sento sbattere una porta. Sobbalzo dal letto per lo spavento. Quel rumore rimbomba nel mio stomaco, amplificato al punto che sembra provenire dalle viscere della terra.

Apro gli occhi. Li avevo tenuti chiusi in uno stato di inerme abbandono. Guardo l'ora sul cellulare. Le venti.

Quella porta sbattuta è un brutto segno. Forse Luca se n'è andato. Forse non lo rivedrò più. Ho paura di uscire dalla camera, di ritrovarmi nel silenzio della sua assenza, di vedere la sua stanza svuotata degli oggetti a lui cari. Di trovare le pareti spoglie. Stamattina erano così colorate, ora potrebbero essere grigie. E io non voglio vederle così!

Questa volta è finita.

Il cuore mi salta in gola quando d'improvviso sento bussare alla porta. Chiedo con voce flebile, come uscisse dalla bocca di un'ottantenne malata: «Luca, sei tu?»

Sembrano interminabili i secondi che impiega per aprire. È buio nella mia stanza. Non c'è bisogno di luce per pensare, ricordare, rimuginare. Anzi sullo sfondo nero scorrono meglio le scene di vita proiettate dalla mente.

Riconosco la sagoma di Luca. I miei occhi si abituano alla luce riflessa dall'applique del corridoio. Riesco a intravedere il suo volto. Non sembra corrucciato come qualche ora fa. Ho l'illusione di scorgere un suo sorriso.

Dio mio, sai che non sono una cristiana esemplare. Ma ti prego, in ginocchio: esaudisci questo mio desiderio! Non reggerei a un altro dolore. Fa' che mio figlio abbia deciso di perdonarmi.

Le sue parole mi trasmettono un'emozione suprema.

«Hai mezz'ora di tempo per prepararti. Ho appuntamento con Anna al ristorante cinese. Mi sembra l'occasione giusta per presentartela. È pur sempre il mio compleanno e intendo festeggiarlo. Ah, dimenticavo. Indossa il vestito che hai messo stamattina. Sai che è il mio preferito. Allora, fatti bella e sbrigati. Non posso portarti fuori con quella brutta cera!»

Resto di stucco, incredula. Il miracolo stavolta è avvenuto!

Come stordita, mi guardo nel grande specchio di fronte a me. Dopo tanto tempo, vedo il volto di una donna serena. I lineamenti sono rilassati. La pelle sembra più luminosa, come a rispecchiare il benessere assoluto da cui mi sento pervasa. È giunto finalmente il momento di abbracciare la luce e di farlo in modo consapevole. Non c'è nessun segnale che voglio vedere a tutti i costi per riconoscere un messaggio di speranza. È una serenità interiore, profonda, autentica. È l'accettazione del mio destino. L'euforia di aver ritrovato il figlio che credevo perduto. Il senso di gratitudine infinita verso di lui, l'artefice della mia rinascita reale, non illusoria. È l'ansia gioiosa di conoscere Anna, non so ancora in quale veste, lo deciderà Luca. Sarà comunque meraviglioso stringerla a me ed essere avvolta in una spirale di emozioni.

Cosa posso desiderare di più? Di più della felicità che provo in questo momento come donna, non solo come madre? Mi ero dimenticata come questo stato di grazia potesse essere appagante. L'avevo solo assaporato, proprio come ha detto mio figlio poche ore fa. Ma la felicità che sento di aver raggiunto dopo un lungo cammino segnato dal dolore non sarà fugace. È il mio cuore a suggerirmelo.

Con un'incontenibile eccitazione indosso il vestito tanto caro a Luca. Per fortuna non si è sgualcito. Il risultato complessivo sembra soddisfacente. Non dovrei deluderlo. Sono elettrizzata come una ragazzina al suo primo appuntamento amoroso.

Col cuore che batte forte apro timidamente la porta e me lo trovo in corridoio ad aspettarmi. È bello come il sole, è bello come il padre. Ha messo l'abito che ha indossato il giorno della sua laurea.

Mi sorride, porgendomi il braccio. Non gli avevo mai visto fare questo gesto. Lo fece una volta Matteo, con l'identica movenza, e mi sentii una principessa inondata da un oceano di felicità.

Proprio come mi sento ora. Mi appoggio al suo braccio con orgoglio ostentato. Mi sento un po' ridicola. Lui mi guarda con quel sorriso complice che adoro. I suoi occhi sono lucidi, per commozione non per rabbia. Poggia la mano sulla mia, stringendomela per lunghi minuti, quasi a far intendere che non c'è altro da aggiungere.

Infatti quel tocco dice tutto, come eloquenti sono le poche parole che mi sussurra con dolcezza: «Sei bellissima! Andiamo, mamma.»

Stampato nel mese di maggio 2025 per conto di Baldini+Castoldi s.r.l.
da Print On Web s.r.l. - Isola del Liri (FR)